Bernd F. Gruschwitz

111 Orte in Bremen, die man gesehen haben muss

emons:

Für Sigrid Schmerheim, deren virtuoses Klavierspiel im Haus für gute Laune sorgt. Für Heiner Schwarz, der als Kenner seiner Geburtsstadt wertvolle Hinweise gegeben hat.

Bibliografische Information der Deutschen Nationalbibliothek
Die Deutsche Nationalbibliothek verzeichnet diese Publikation in der Deutschen Nationalbibliografie; detaillierte bibliografische Daten sind im Internet über http://dnb.d-nb.de abrufbar.

FSC www.fsc.org
MIX
Papier aus verantwortungsvollen Quellen
FSC® C010135

Gestaltung: Eva Kraskes, nach einem Konzept von Lübbeke | Naumann | Thoben
Kartografie: altancicek.design, www.altancicek.de
Kartenbasisinformationen aus Openstreetmap,

Druck und Bindung: B.O.S.S Druck und Medien GmbH, Goch
Printed in Germany 2013
ISBN 978-3-95451-210-2
Originalausgabe

Vorwort

Es ist mir eine große Freude, die Stadt, in der ich seit Jahren aus Überzeugung lebe, mit einem bebilderten Buch ins Rampenlicht zu stellen. Bei meiner Ankunft in Bremen Ende der 1970er Jahre wirkte die Stadt trotz ihrer weltweiten Verbindungen wie das sprichwörtliche »Dorf mit Straßenbahn« oder wie der ungeküsste Frosch im Märchen. Doch ein, zwei heiße Sommer in den 1980ern veränderten das äußere Erscheinungsbild vollständig. Bremen taute auf. Während man vorher auf dem Marktplatz, der »guten Stube der Stadt«, und allenfalls in einigen wenigen Biergärten draußen sitzen konnte, stellte man nun in allen Stadtteilen Tische und Stühle vor die Lokale, und im angeblich ach so kühlen Norden machte sich ein Flair breit, wie man es nur aus dem Urlaub kannte. Der Frosch war geküsst, Dornröschen erwacht, die Atmosphäre einer genießerischen Metropole kreiert. Und zum Genießen bietet die Stadt in vielerlei Hinsicht Grundlage und Anlass. Das Kulturleben ist so reichhaltig, dass man dem großen Angebot an Theateraufführungen, Musikveranstaltungen und Kleinkunstdarbietungen kaum hinterherkommt, insbesondere wenn man berufstätig ist. Die Museumslandschaft könnte vielfältiger kaum sein. Alles, was für die Nachwelt gesammelt werden kann, findet hier engagierte Liebhaber. Für den gestressten Großstadtmenschen ist in der Nähe immer eine Oase der Erholung erreichbar. Die besten Beispiele sind der Bürgerpark, der sich hinter dem Hauptbahnhof beginnend aus der Mitte der Stadt heraus nahtlos bis in die freie Natur des Umlandes erstreckt, und in Bremen-Nord der Knoops Park, der einen wunderbaren Blick auf die Lesum freigibt. Radfahrer und Skater fegen über die Deiche am Werdersee und im Blockland. Wassersportler aller Couleur finden mit der Weser, den Seen und Bädern zahlreiche Reviere. Wer zum Einkaufen nach Bremen kommt, findet noch immer das kleine Einzelhandelsgeschäft, aber natürlich auch die großen Zentren, wie etwa die Waterfront in Walle. Kulinarisch ist Bremen Weltstadt. Beim Kaffeetrinken sowieso.

Lassen Sie sich von diesem Buch verführen. Ich bin sicher, auch für die Bremer gibt es noch viel zu entdecken.

111 Orte

Ambiente

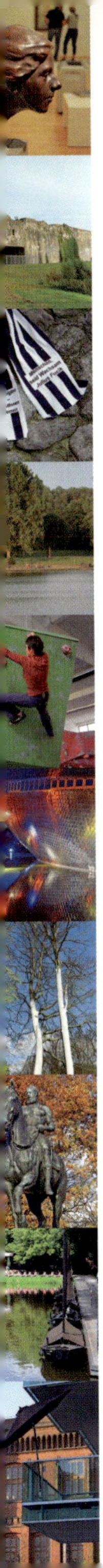

1 Das Aalto-Hochhaus

Eine Ikone des Wirtschaftswunders

Es ist das architektonische Sahnehäubchen eines ganzen Viertels. Doch alles begann aus einer großen Not heraus. Als der Bremer Westen im August 1944 in Schutt und Asche versank, schien jeder Gedanke an Phönix fern. Doch die Geschichte des Wundervogels wiederholte sich in der Hansestadt wie vielerorts in Deutschland. Um der Wohnungsnot Herr zu werden, plante man auf einem freien Marschland zwei Stadtviertel: die Gartenstadt Vahr und die Neue Vahr. Das Terrain erlaubte die Planung der Viertel am Reißbrett. Man versuchte, mehr als 40.000 Wohnungssuchende auf einem parkähnlichen Gelände mit mehreren Unterzentren, die einen modernen Ortskern bilden sollten, in gut ausgestatteten Wohnungen unterzubringen. Das Vorbild waren Siedlungsmodelle, die schon in den 1920ern von Bauhausarchitekten propagiert worden waren. Heraus kamen Viertel mit Wohnblocks und zentralen Hochhäusern, die von reichlich Grün, Teichen und Fleeten umgeben sind.

Das Zentrum der Neuen Vahr erhielt mit der Berliner Freiheit eine bürgernahe Infrastruktur und mit dem Aalto-Hochhaus die Krönung des Neubauareals. Alvar Aalto (1898–1976), ein finnischer Architekt, war in Deutschland spätestens durch sein Punkthochhaus im Berliner Hansaviertel bekannt geworden. Sein Hochhaus war für alleinstehende Arbeitnehmer gedacht. Die 65 Meter hohe, schlanke Wohnscheibe hat über dem Erdgeschoss einundzwanzig Stockwerke mit jeweils neun individuell geschnittenen Ein- oder Zwei-Zimmer-Wohnungen. Zusätzliche Gemeinschaftsräume sollen die Anonymität des Hochhauses mildern. Die leichte Wölbung des Grundrisses sorgt dafür, dass keiner dem anderen in die Wohnung gucken kann. Die Fensterfront ist der untergehenden Sonne zugewandt. Das hat dem Gebäude den Namen »Feierabendhaus« eingetragen. Die Vahr, zeitweise als sozialer Brennpunkt in den Schlagzeilen, wird zunehmend von den »Vahraonen« als Heimat im Grünen geschätzt.

Adresse Berliner Freiheit 9, 28327 Bremen-Vahr | **ÖPNV** Bahn 1, Bus 15 und 29, Haltestelle Berliner Freiheit | **Tipp** Im Bürgerzentrum sind häufig kulturelle Veranstaltungen. Um die Viertelbewohner kennenzulernen, bieten der Dienstag, Donnerstag und Samstag, wenn Wochenmarkt ist, gute Gelegenheiten. Wer russische Bücher im Original sucht, findet sie in einem Buchladen an der Berliner Freiheit.

2 Das Ambiente

Ein Literaturcafé mit abstinenter Vergangenheit

An einem warmen Sommertag bietet die Terrasse des Ambiente ein äußerst ansprechendes Plätzchen mit Blick auf Promenade und Fluss. Der lichtdurchflutete gläserne Rundbau ist die geglückte Weiterentwicklung eines Lokals aus den 1920er Jahren, das seinerzeit mit einem sozial- und gesundheitspolitischen Anliegen gegründet worden war, das an das heutige Rauchverbot in Gaststätten erinnert.

Ottilie Hoffmann (1835–1925), eine frauenbewegte Bremerin, hatte in England die Temperenzbewegung kennengelernt und war zu der Überzeugung gelangt, dass nur die völlige Abstinenz vom Alkohol die gesundheitliche und innerfamiliäre Misere der »unteren Volksschichten« zu beseitigen vermöge. Als sich 1890 während des Aufbaus der großen Gewerbeausstellung 40 Unfälle, davon 15 schwere, unter Alkoholeinfluss ereigneten, weil die Imbissbuden nur Bier und Branntwein im Angebot hatten, ließ sie einen Pavillon errichten. Dort wurde Kaffee für fünf Reichspfennige ausgeschenkt, und ein warmes Eintopfgericht kostete deren zehn. Nach diesem Grundprinzip eröffnete sie in Bremen 13 alkoholfreie Speisegaststätten: Die Armen sollten für wenig Geld mit einem gesunden Mahl bei freundlicher Bedienung versorgt werden.

Nach dem Zweiten Weltkrieg verlor die Bewegung gegen den Alkoholgenuss ihre Anhängerschaft, und allmählich schlossen die Ottilie-Hoffmann-Häuser in der ganzen Stadt. Das am Osterdeich wurde 1983 an die Stadt Bremen verkauft und bald darauf an einen Pächter übergeben, der es in ein Literaturcafé verwandelte. Die Lesungen finden im kleinen oberen Rondell statt, das den Kernraum des ursprünglichen Speiselokals darstellte. Mit Unterstützung des Senats wurden 1997 anlässlich der umfassenden Renovierung des Gebäudes als Pilotprojekt eine Photovoltaikanlage auf dem Dach und weitere energiesparende Technologien installiert. So wird Literatur unserer Tage unserem Zeitgeist entsprechend in einem nachhaltigen Ambiente vorgetragen.

Adresse Osterdeich 69a, 28205 Bremen-Östliche Vorstadt | ÖPNV Bahn 2, 3 und 10, Haltestelle St.-Jürgen-Straße, zu Fuß die Lüneburger Straße zum Osterdeich, dort nach links | Tipp Wer mehr »Viertel«-Ambiente haben möchte, geht nach nebenan ins Bürgerhaus Weserterrassen. Dort gibt es Veranstaltungen aller Art auf gutem regionalen bis überregionalen Niveau. Essen und Trinken ebenso.

3 Das Antikenmuseum

Klassische Vasen in mittelalterlichem Viertel

Das Schnoor ist das Viertel, in dem Mittelalter und moderner Tourismus eine keineswegs lieblose Vernunftehe eingegangen sind. In engen mittelalterlichen Gassen findet sich manche Kuriosität vom Hochzeits- über das Geschichtenhaus bis zum Institut für niederdeutsche Sprache. Im modernen Teil mit auffällig bunter Architektur stößt man plötzlich und unvermittelt auf echt Antikes. Gut, einem »Kleinen Olymp« (mit einem eigenen Bier) war man schon vorher begegnet, aber dieser Name ist der Vorliebe der Inhaber für den Filmklassiker »Kinder des Olymp« geschuldet.

Das Antikenmuseum versammelt in drei ineinander übergehenden lichten Räumen eine in markanten Exemplaren anschaulich gemachte Kulturgeschichte der griechischen Vasenkunst. Der Schwerpunkt der privaten Stiftung liegt auf Vasen aus der Zeit zwischen 560 bis 350 vor Christus. Dabei stehen zwei Mal- und Brenntechniken im Mittelpunkt: die der schwarzfigurigen und der rotfigurigen Vasen. Das Glanzstück der schwarzfigurigen Vasen ist eine Amphore von den panathenäischen Spielen. Sie wurde dem Sieger beim Laufwettbewerb mit Olivenöl gefüllt überreicht. Sie zeigt an der Spitze des Feldes ein Kopf-an-Kopf-Rennen. Bemerkenswert sind Zeichnung und Oberkörperhaltung des zweiten der führenden Läufer. Sieht so Usain Bolt auf den letzten Metern aus? Mehrere Vasen illustrieren in derselben Technik die mythischen Heldentaten des Herakles. In Bremen denkt man sofort an Rehakles, aber der hatte hiermit nichts zu tun.

Aus den rotfigurigen Vasen ist eine Halsamphore herauszuheben. Sie zeigt, wie sehr sich die Mode in rund 2.500 Jahren besonders bei den Männern gewandelt hat. Dass die alten Griechen so schamlos waren, wie es immer heißt, kann nebenbei bemerkt nicht ganz stimmen. Hätten sie sonst die eindeutige Annäherung des geschweiften Bartträgers an die sich weniger eindeutig Abwendende auf die Unterseite einer Schale platziert?

Adresse Marterburg 55–58, 28195 Bremen-Schnoor | **ÖPNV** Bahn 2, 3, 4, 5, 6 und 8, Bus 24 und 25, Haltestelle Domsheide | **Öffnungszeiten** Do–Sa 12–17 Uhr, Juli, Aug. geschlossen | **Tipp** Kaum 100 Meter entfernt, neben dem Amtsgericht, kann man fast unmittelbar von der Antike ins Mittelalter eintreten. In der Comturei mit einem der ältesten genutzten Gewölbe Bremens (13. Jahrhundert) werden mittelalterliche Menüs angeboten.

4 Das Anti-Kolonial-Denk-Mal

Ein Elefant als Dickhäuter

Grimmig sieht er nicht aus, eher brav, trotz seiner Übergröße. Wäre er aus Bronze, hätte man ihn wohl realistischer gestaltet. Da er aus rotem Oldenburger Klinker gemauert ist, sind die Details nur kunstvoll angedeutet. Die Schüler vom Gymnasium nebenan fühlen sich wohl bei ihm. In den Freistunden suchen sie sich auf der Krypta, auf der der Koloss steht, ein nettes Plätzchen in der Sonne.

Für einen so bescheidenen Zweck war der Dickhäuter ursprünglich nicht vorgesehen. Der Anspruch auf einen »Platz an der Sonne«, den Kaiser Wilhelm II. für das Deutsche Reich zur Maxime seiner Außenpolitik erkoren hatte, wurde 1932 in der Weimarer Republik mit dem Elefanten noch einmal unübersehbar gewürdigt. Als Reichskolonialehrendenkmal eingeweiht, sollte er als Symbol der auch in Bremen grassierenden Sehnsucht nationaler Kreise nach einer deutschen Weltmachtstellung und den dazu als unerlässlich erachteten Kolonien dienen. Der damalige Senator für das Unterrichtswesen verpflichtete die Oberstufenschüler aller höheren Schulen der Stadt zur Teilnahme am Festakt. Der in kaiserlicher Uniform angetretene Afrikakämpfer General Paul von Lettow-Vorbeck bekräftigte in seiner Ansprache: »Ohne Kolonien muss ein blühendes Volk ersticken.«

Spät nach dem Zweiten Weltkrieg erfolgte eine öffentliche Umbesinnung und daraufhin auch eine Umwidmung des Elefanten. Aus dem kolonialen Ehrenmal wurde 1989 ein Antikolonialdenkmal. Die Terrakotta-Porträts von Lettow-Vorbeck und Adolf Lüderitz waren längst entfernt. Die Krypta unter dem Elefanten wurde restauriert und kann nun für völkerverbindende Veranstaltungen durch eine eigens gegründete gemeinnützige Gesellschaft genutzt werden. 1996 kam der Präsident Namibias, Dr. Sam Nujoma, zur offiziellen Neueinweihung nach Bremen. Ein Ensemble aus Steinen der Omaheke-Wüste Namibias erinnert seitlich vor dem Denkmal an die Opfer der deutschen Kolonialmacht.

Adresse Anlage zwischen Gustav-Deetjen-Allee und Hermann-Böse-Straße, 28209 Bremen-Schwachhausen | ÖPNV Bahn 6 und 8, Haltestelle Blumenthalstraße | Tipp Zu Dichterlesungen, Vorträgen oder kleinen Konzerten in der Krypta sollte man sich während der kalten Jahreszeit warm anziehen. Sie ist nicht beheizt.

5 Der Automobilproduzent

Gefertigt wie von Geisterhand

So wie man im 20. Jahrhundert New York gesehen haben muss und im 21. Schanghai, um dem sprühenden Zeitgeist auf den blinkenden Goldzahn zu fühlen, so muss man in Bremen eine Werksführung bei Mercedes-Benz erlebt haben, um zu erfahren, was der neueste Standard der Personenwagenproduktion ist. Dieses Erlebnis gipfelt in drei unterschiedlichen Momenten: Da ist das elegante äußere Erscheinungsbild der Firma, verkörpert im lichtdurchfluteten Kundencenter, in dem einige wenige Exponate unterstreichen, dass Daimler-Benz von Anfang an die Geschichte des Automobilbaus entscheidend geprägt hat. Des Weiteren steht die Werksbesichtigung selbst an. Hierbei ist für viele Besucher zweifelsohne die Roboterfertigung das Nonplusultra. Und schließlich: ein autonomes Extra-Bonbon, »The Rock«, ein Parcours für Geländewagen mit Allradantrieb.

Im Kundencenter sind neben den aktuellsten Kreationen ein Fahrzeug aus der Steinzeit des Automobilbaus ausgestellt und ein rotes 140-PS-Cabrio mit einem Sechs-Zylinder-Kompressor-Motor von 1926. Seine Höchstgeschwindigkeit liegt bei 145 Stundenkilometern. Diese Exponate kann man sich einfach so zu den normalen Geschäftszeiten anschauen.

Bei der Werksbesichtigung setzt man eine Schutzbrille auf, und da es auch bei den Robotern geräuschvoll zugeht, trägt jeder Besucher ein Audiogerät. Von einer erhöhten Position aus sieht man zu, wie beispielsweise ein scheinbar ungelenker Roboterarm sich ein breites Armaturenbrett schnappt und es überraschend geschickt in die Karosserie einpasst. An anderer Stelle funkt und blitzt es bläulich. Die Roboter schweißen, kleben und nieten, die Arbeiter sind eindeutig in der Minderheit. Als habe es nie ein Gestern gegeben.

Anspruchsvoll geht es beim extra zu buchenden Geländeparcours zu. Der Berg hat eine 70-prozentige Steigung und – bleiben Sie bitte angeschnallt – ein 80-prozentiges Gefälle.

Adresse Mercedes-Benz, Im Holter Feld, 28309 Bremen-Sebaldsbrück | ÖPNV Bus 25 und 29, Haltestelle Im Holter Feld | Öffnungszeiten Termine und Modalitäten für Werksführungen findet man im Internet unter www.mercedes-benz.de/kundencenter-bremen oder telefonisch bei Frau Loose, Tel. 0421/4192254 (vormittags bis 12.30 Uhr) | Tipp In der oberen Etage des Kundencenters befindet sich das öffentliche Restaurant »Gottlieb«, das von der Sarah Wiener GmbH betrieben wird. Es verfügt über 120 Sitzplätze und serviert Speisen mit Zutaten aus biologischem Anbau.

6 Das Bamberger-Haus

Eine Dokumentation an Stahlseilen im Treppenhaus

Als Julius Bamberger 1933 mit dem keineswegs beruhigenden Prädikat »wirtschaftlich wertvoller Jude« die von der Gestapo verfügte Polizeihaft verlassen darf, sitzen auf den Bänken am Wall alte Kunden und Freunde und wagen nur, ihn stumm zu grüßen. Was 1907 mit der Gründung des Kaufhauses Bamberger wie eine Erfolgsgeschichte begann, wurde von den Nationalsozialisten jäh zerstört und führte Julius Bamberger knapp 30 Jahre später zunächst in ein Versteck und schließlich in die Emigration. Sein Besitz wurde konfisziert. Es gelang ihm, wenigstens Tochter und Sohn aus französischen Lagern auszulösen und mit ihnen in die USA zu flüchten. Seine christliche Frau blieb in Bremen und brachte sich um. Seine Tochter war von den Vorfällen im Lager so gezeichnet, dass sie kein angstfreies Leben mehr geführt hat.

Dort, wo einst das erste Bremer Kauf- und Hochhaus – von Bremern »Bambüddel« genannt – stand, ist ab 2007 unter der Leitung des engagierten Bauherrn Dr. Klaus Hübotter durch Restaurierung und Umbau ein an das Original erinnerndes zehnstöckiges Gebäude errichtet worden. Der Nachbau des einstigen Turms wird von den kapitalen Lettern des früheren Besitzernamens auf dem Dach bekränzt. Es ist kein Kaufhaus mehr, und es hat auch keine bis in den vierten Stock reichende Rolltreppe (es war die erste in Bremen), dafür einen Aufzug. Auch das Dachlokal im fünften Stock, von wo man Bremen überschauen konnte, war nicht mehr vorgesehen.

Das Gebäude dient nun als Zentrale und Unterrichtsstätte der Bremer Volkshochschule. Im Treppenhaus erinnert eine ständige Ausstellung an das Wirken, die Vorlieben und Ansichten Julius Bambergers und an die brutalen Methoden, mit denen ihm und seiner Familie die Existenz in Bremen verunmöglicht wurde. Bei der Einweihung sprach seine aus den USA angereiste Enkelin Jennifer Dahlstrom. Sie begrüßte, dass er »wieder stolz ›Bremer‹ genannt wird«.

Adresse Faulenstraße 69, 28195 Bremen-Faulenquartier | ÖPNV Bahn 2 und 3, Bus 25 und 35, Haltestelle Radio Bremen, Bus 20, Haltestelle Doventorstraße | Tipp Von der zugänglichen, vergitterten Dachterrasse hat man einen umfassenden Blick auf Bremen und umzu. Markante Gebäude sind auf kleinen Panoramatafeln angezeigt.

7 Ein Biohof im Blockland

Das Speiseeis der kurzen Wege

Das Kälbchen streckt die lange Zunge raus und schleckt sich genüsslich die Nasenlöcher aus. Mutter Kuh schaut zu und macht es ebenso. Geht so Katzenwäsche auf Rinderart? Jana und Luca starren fasziniert auf die Zunge. Bei ihnen reicht die Zunge nicht ganz so weit. Aber zum Eisschlecken taugt sie allemal. Hier auf dem Demonstrationsbetrieb für ökologischen Landbau der Familie Kaemena kommt das Speiseeis nämlich direkt aus den Eutern der 60 Milchkühe. Also fast. Die Milch muss mit all den anderen leckeren Bio-Zutaten natürlich erst in die Eismaschine, bevor sie als Bio-Rhabarbereis oder Sesam- oder Mohneis über den Tresen wandert. Mit den Geschmäckern experimentiert wird bei den Kaemenas auch. Erst wenn die neue Eiskreation von allen Mitarbeitern des Ökohofs abgesegnet ist, kommt sie in den Verkauf.

Die Besucher kommen meist mit dem Fahrrad, einige auch auf Skates. Autofahren im Blockland ist in der Regel nur Anrainern erlaubt. Der Hof der Kaemenas ist eine der möglichen Zwischenstationen auf einer empfehlenswerten Ausflugsrunde. Die Strecke führt vom Haus am Walde am nordöstlichen Rand des Stadtwalds in gerader Linie zum Kuhsiel. Von dort biegt man nach links ab und fährt in weit geschlungenen Windungen auf dem Wümmedeich bis nach Dammsiel. Hier hält man sich erneut links in Richtung MVA. Am Uni-See entlang erreicht man wieder das Haus am Walde. Wer auf Skates unterwegs ist, kehrt besser am Dammsiel um und fährt auf derselben Strecke zurück, es sei denn, der raue Asphalt zur MVA schreckt ihn nicht.

Zurück zu den Kaemenas: Neben Eis sind auch Kaffee, Kuchen und Käse im Angebot. Ihre Hofgalerie zeigt Kunst. Zudem finden Lesungen und Konzerte statt. Für Kinder gibt es einen urigen Spielplatz. Wem die entspannte Stimmung gefällt, der kann sich in individuell gestalteten Apartments einmieten. So stellt man sich einen zeitgemäßen Traditionshof vor.

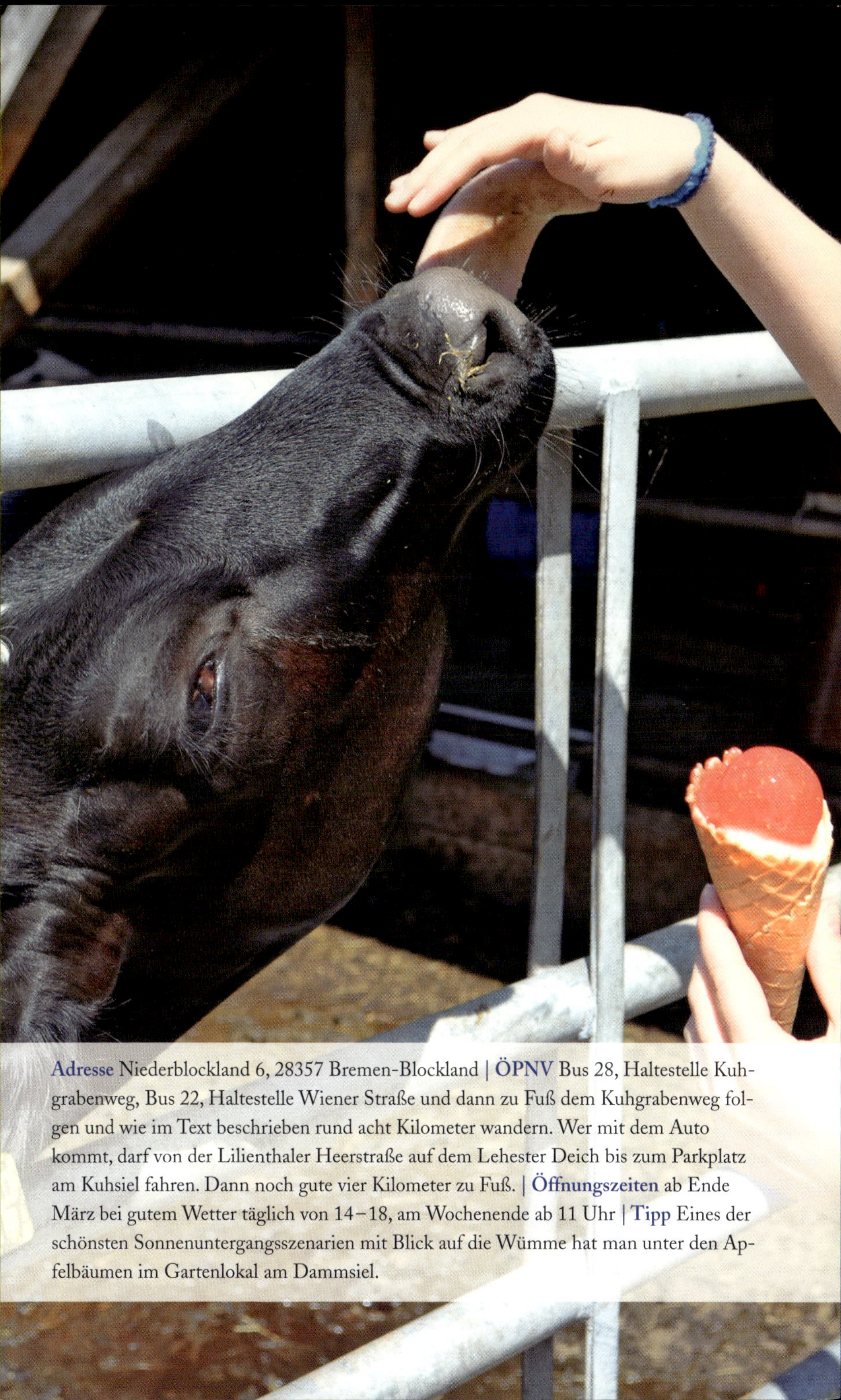

Adresse Niederblockland 6, 28357 Bremen-Blockland | **ÖPNV** Bus 28, Haltestelle Kuhgrabenweg, Bus 22, Haltestelle Wiener Straße und dann zu Fuß dem Kuhgrabenweg folgen und wie im Text beschrieben rund acht Kilometer wandern. Wer mit dem Auto kommt, darf von der Lilienthaler Heerstraße auf dem Lehester Deich bis zum Parkplatz am Kuhsiel fahren. Dann noch gute vier Kilometer zu Fuß. | **Öffnungszeiten** ab Ende März bei gutem Wetter täglich von 14–18, am Wochenende ab 11 Uhr | **Tipp** Eines der schönsten Sonnenuntergangsszenarien mit Blick auf die Wümme hat man unter den Apfelbäumen im Gartenlokal am Dammsiel.

8 Das Birgittenkloster

Ungläubiges Staunen und Wundern

Es wirkt wie ein stiller Paukenschlag gegen den Zeitgeist, wenn Anfang des 3. Jahrtausends die alte Religion ein neues Kloster mitten in eine geschäftig pulsierende Stadt setzt. Unterschwellig erwartet man etwas Mittelalterliches, Denkmalgeschütztes. Doch siehe da, solche Vorstellungen gehen in die Irre.

Wie ein Wohnturm in der schnörkellos schmucken Sachlichkeit der Moderne ragt ein vierstöckiges terrakottafarbenes Gebäude am Rand des engen Schnoorviertels auf. Es ist der markanteste Teil des Klosterkomplexes, zu dem noch eine winzige Kapelle, ein kleiner Garten und die Räume der Nonnen gehören. Tagsüber können Garten und Kapelle von Besuchern zum Gebet und zu stiller Einkehr betreten werden.

Wenn nicht der Respekt vor Kirche und Religion die Zunge zügeln würde, spräche man, wie man von Designer-Möbeln spricht, von einem Designer-Kloster. In der Kapelle ist jedes Inventarteil stilsicher ausgewählt, akkurat platziert und blitzend blank poliert. Alles erscheint vom Edelsten. So stellt man sich gemeinhin Skandinavien vor und der Ungläubige sich kein Kloster. Das Kreuz in der Kapelle ist schlank und der Korpus Christi auf die wesentlichste Form reduziert, abstrakter geht es kaum. In der Ausstattung findet sich keine Spur von einem bildhaft leidenden Erlöser mit dem Haupt voll Blut und Wunden. Da muss man schon eine der sorgsam auf den Bänken abgelegten Bibeln in die Hand nehmen und in ihren Kapiteln die Geschichte der Passion Christi nachlesen.

Die Nonnen haben sich in der Nachfolge der schwedischen Ordensgründerin Birgitta aus dem 14. Jahrhundert dem klösterlichen »ora et labora« verpflichtet. Zu ihrer Arbeit zählt auch die Bewirtung ihrer Gäste, denn hier kann man übernachten, zu moderaten Preisen. Über den Dächern des Schnoor zu frühstücken ist ein besonderes Bonbon. Zur Teilnahme an den Gottesdiensten ist man nicht verpflichtet, aber jederzeit herzlich eingeladen.

Adresse Kolpingstraße 1c, 28195 Bremen-Schnoor | ÖPNV Bahn 2, 3, 4, 5, 6 und 8, Bus 24 und 25, Haltestelle Domsheide | Tipp Die erste nach der Reformation in Bremen wieder zugelassene katholische Kirche, Sankt Johannis, ist nur einen Katzensprung entfernt und strahlt eine tiefe mittelalterliche Ruhe aus.

9 Der Bleikeller am Dom

Fast nur noch Haut und Knochen

Was von einem Menschen materiell übrig bleibt, wenn die Belüftung und Trockenheit eines Raumes dafür sorgen, dass der entseelte Körper nicht dem Prozess der Verwesung anheimfällt, kann man im Bleikeller des Doms sehen. Ein dort aufbewahrter Körper verliert innerhalb eines Jahres alle Flüssigkeit, die Muskulatur schrumpft auf ein Minimum und wird hart und fest. Nur das Skelett deutet noch in etwa die ursprüngliche Größe an. Die Haut wird straff, steif und ledern, der Blick leer. Die restliche Substanz ist so dürftig, dass sich das Knochengerüst scharf abzeichnet. Die Leichen des Bleikellers wiegen nur noch acht bis elf Kilogramm.

Die Entdeckung der Bleikellerleichen verdankt sich der Neugier der Lehrlinge und Gesellen von Arp Schnitger, dem berühmtesten Orgelbauer in Norddeutschland während des Barock. Als dieser ab 1693 den Dom mit einer neuen Orgel ausstattete, wurde die Ostkrypta von seinen Leuten als Werkraum genutzt, um Orgelpfeifen zu löten. Die herumstehenden Sarkophage beschäftigten den Geist der Arbeiter so sehr, dass sie heimlich die Sargdeckel anhoben. Statt zu Staub zerfallene Leichname fanden sie gut erhaltene Mumien, die teilweise noch unversehrte Kleidungsstücke trugen. Ihr Geheimnis war bald stadtbekannt und zog sogar aus dem Ausland wiederholt Reisende an.

Über die Identität und das Schicksal der mumifizierten Toten wurde bald wild spekuliert. Nur von dreien weiß man ungefähr, wer sie waren. Die beliebte Geschichte vom »Dachdecker«, der beim Anbringen des Kreuzes auf dem Nordturm des Doms mit einem Schrei auf den Lippen in die Tiefe gestürzt sein soll, hat sich spätestens 1985 auf dem Röntgenbild als Legende erwiesen. Der »Dachdecker« hatte sich nichts gebrochen. Vermutlich war die Kugel, die dem Leichnam im Rücken steckte, tödlich gewesen. Dies lässt auf einen Landsknecht oder Offizier schließen, vielleicht aus dem Dreißigjährigen Krieg.

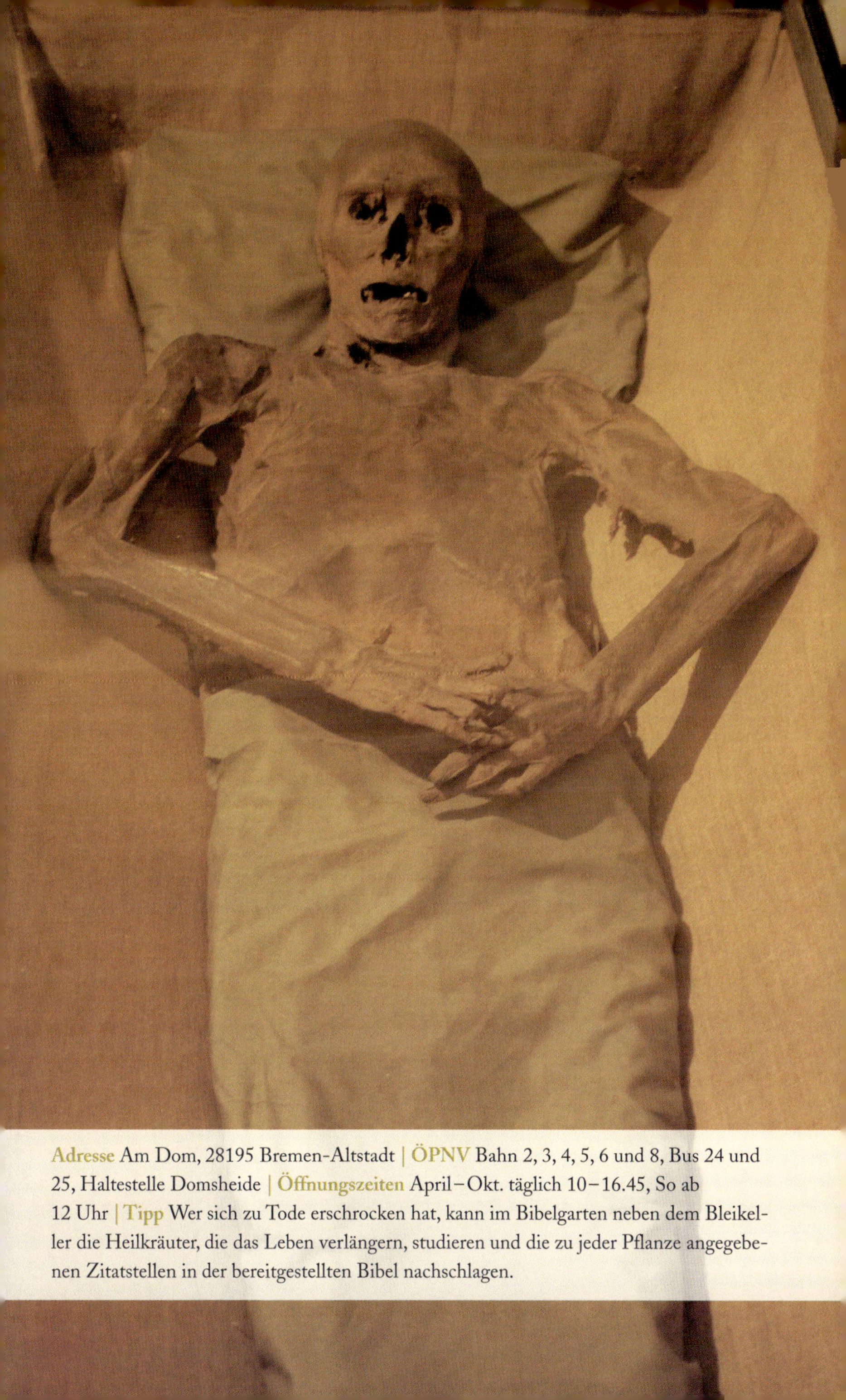

Adresse Am Dom, 28195 Bremen-Altstadt | **ÖPNV** Bahn 2, 3, 4, 5, 6 und 8, Bus 24 und 25, Haltestelle Domsheide | **Öffnungszeiten** April–Okt. täglich 10–16.45, So ab 12 Uhr | **Tipp** Wer sich zu Tode erschrocken hat, kann im Bibelgarten neben dem Bleikeller die Heilkräuter, die das Leben verlängern, studieren und die zu jeder Pflanze angegebenen Zitatstellen in der bereitgestellten Bibel nachschlagen.

10 Der Blindengarten

Lava und Alant in Braille

Der Blindengarten ist für Sehende und Blinde eine Herausforderung, zumal wenn sie sich bis dahin kaum mit Botanik beschäftigt haben. Obwohl der Garten mit 1.600 Quadratmetern eher klein erscheint, ist man beeindruckt von der mit über 500 Pflanzen gegebenen Fülle. Viele von ihnen sind mit Schildern gekennzeichnet, die die Namen in der Normalschrift für Sehende und darunter der Braille-Schrift für Blinde tragen. Der Nichtbotaniker, dem viele Pflanzennamen in diesem Garten sicher zum ersten Mal unterkommen, gerät schnell an die Grenze seiner Merkleistung, falls er diese Pflanzen im Gedächtnis behalten möchte.

Die Anlage ist in 16 Abteilungen gegliedert und so gestaltet, dass die meisten Pflanzen erhöht wie auf einem Podest und damit in Reichweite der Besucher angebaut sind. Neben den Pflanzen, die durchaus mal stachelig sein können oder durch ihren Geruch zu erkennen sind, kann man auch die Oberflächenstrukturen von verschiedenen Gesteinsbildungen ertasten. Darunter sind Fossilien, Korallen, Lava, bearbeitetes und unbearbeitetes Gestein. An einer Seite sind Hölzer aufgehängt, bei deren Rinden vermutlich auch nicht jeder durch bloßes Abtasten sofort sagen kann, um welchen Baum es sich jeweils handelt.

Weniger eine Herausforderung als vielmehr eine spannende Geschichte für Sehende ist die Beschäftigung mit der Blindenschrift, zu der der Garten ja auch einlädt. Ihr Erfinder, der Franzose Louis Braille, erblindete mit drei Jahren und war 1825 zum Zeitpunkt der Entwicklung seiner heute weltweit anerkannten Schrift 16 Jahre alt. Wenn man mit einem Wort wie »Lava« anfängt, benötigt man das aufgehängte Alphabet nicht, um drei Buchstaben zu lernen. Umso erstaunter ist man, wenn man nun versucht, »Alant« zu entziffern. Was dem Laien zunächst wie ein Schreibfehler erscheint, stellt sich als die gebräuchliche Kurzform der Braille-Schrift heraus, vergleichbar mit den Kürzeln beim Stenografieren.

Adresse Ecke Raschenkampsweg und Ulenweg, 28759 Bremen-St. Magnus | **ÖPNV** Bus 91, 92 und 93, Haltestelle am Bahnhof St. Magnus; aus dem Zentrum mit dem Zug bis zum Bahnhof St. Magnus, dann zu Fuß nach Süden | **Öffnungszeiten** März–Okt. 9–18 Uhr | **Tipp** Wer nach dem Besuch des Blindengartens Lust bekommen hat, sich mehr mit der Blindenschrift zu beschäftigen, kann sich unter www.isar-projekt.de die gebräuchlichsten Kürzel der Braille-Kurzschrift herunterladen. Kinder entdecken so eine coole »Geheimschrift«.

11 Die »botanika«

Der weiße Koi

Zweimal am Tag werden die Kois gefüttert, um 11.30 und um 15 Uhr. Doch bis man ihr Becken im Japanischen Garten erreicht, hat man schon eine kleine Weltreise durch acht andere Regionen und Länder des Fernen Ostens hinter sich. Den Schaugewächshäusern ist ein erfindungsreich gestaltetes Entdeckerzentrum vorgeschaltet, in dem Jung und Alt Einblicke in das Werden und Vergehen der Natur, nicht nur auf Rhododendron beschränkt, präsentiert werden. Man kann per Knopfdruck verschiedene Düfte abrufen oder – etwas gruselig – den in verschiedenen Stadien (präparatorisch eindrucksvoll bis ins Detail) festgehaltenen Verfall eines Kaninchens angucken. Höchst lebendige Tiere – ebenfalls betrachtenswert – tummeln sich in kleinen Terrarien.

Schließlich begibt man sich fiktiv ins Flugzeug, wo bereits die Ansage das Flair des Fernen Ostens verbreitet. Die äußersten Koordinaten der Reise sind Indien, China, Japan, Borneo und Neuguinea. Den jeweiligen Regionen und ihrer Pflanzenwelt zugeordnet sind kulturelle oder religiöse Symbole wie ein Teepavillon, ein Drachenbild oder ein liegender Buddha. Der unterschiedliche Charakter der einzelnen Klimazonen wird durch einen Wasserfall, Pflanzenteppiche, Felslandschaften und Sprühnebelwände unterstrichen. In Myanmar erhebt sich eine Aussichtsplattform, von der man fast alle Regionen überblicken kann. In einem Außenbereich und im Mendehaus finden Sonderausstellungen statt, etwa zum Thema Karibik.

Schließlich betritt man den Japanischen Garten. Er ist nicht sehr groß, beeindruckt aber durch seine konzentrierte Gestaltung. Die Natur ist deutlich nach einem philosophischen Prinzip geordnet. Der Garten strahlt Ruhe aus. Diesen Eindruck lassen die Aufwallungen von Fischen und Besuchern bei der Fütterung der Kois in den Hintergrund treten. Einer der kräftigsten Karpfen ist ganz weiß. Und siehe da, wenn es ums Fressen geht, weiß er sich zu behaupten.

Adresse Deliusweg 40, 28359 Bremen-Horn | ÖPNV Bus 31, Haltestelle Rhododendronpark, Bahn 4 und 5, Bus 45, Haltestelle Bürgermeister-Spitta-Allee, und dann zu Fuß durch den Rhododendronpark | Öffnungszeiten täglich 9–18, am Wochenende ab 10 Uhr | Tipp Der kostenlose Rhododendronpark, geöffnet von 7 Uhr bis zum Sonnenuntergang, mit botanischem Garten und zahlreichen Sonderabteilungen ist besonders in April und Mai eine Erquickung für Auge, Nase, Herz und Seele. Der übrige Körper kommt im Terrassencafé und Restaurant zu seinem Recht.

12 Die Bremenhalle

»Wenn er fliegt, dann fliegt er!«

Wenn sich heute einer aus 39.000 Metern Höhe auf die Erde stürzt, um im freien Fall die Schallmauer zu durchbrechen, wird das von milliardenschweren Sponsoren als Medienspektakel in Szene gesetzt. Als sich 1928 drei Abenteurer anschickten, als Erste einen Nonstop-Flug über den Atlantik von Europa nach Amerika zu wagen, blies ihnen auch im übertragenen Sinn der Gegenwind scharf ins Gesicht. So flatterte dem Piloten Hermann Köhl von der Luft Hansa mit dem Spruch »Wenn er fliegt, dann fliegt er!« die Kündigung hinterher.

Wegen der ablehnenden Haltung aller Behörden brachten Hermann Köhl und der Initiator der waghalsigen Atlantikquerung, Ehrenfried Günther Freiherr von Hünefeld, in einem neunstündigen Flug die silberglänzende Junkers vom Typ W33 mit der Kennung Bremen D1167 heimlich nach Irland. Das Flugfeld von Baldonnel im Südwesten Dublins war mit Unterstützung des Piloten und Platzkommandanten James C. Fitzmaurice verlängert worden, sodass der Flug im April beginnen konnte. Fitzmaurice flog als Kopilot mit. Südlich von Grönland gerieten sie in schweres Wetter mit schlechter Sicht. Der Kompass leitete sie fälschlicherweise nach Norden. Als die Nebelwände aufrissen, bemerkten die Flieger, dass sie vom Kurs abgekommen waren, und versuchten ohne Instrumente nach Süden zu navigieren. Schließlich setzten sie auf einer Eisfläche bei einem Leuchtturm auf Greenly Island, einer Insel vor Labrador, zur Landung an. Das Flugzeug brach ein, und der Propeller wurde beschädigt, aber die Insassen blieben unverletzt.

Das historisch-technische Kleinod kann in seiner ganzen funktionalen Schönheit in der Bremenhalle besichtigt werden. In einem Schaukasten ist außerdem der Bezug Bremer Firmen zur Raumfahrt dokumentiert. Auf der Aussichtsterrasse steht eine VFW 614 von VFW-Fokker, die als erstes Kurzstreckenverkehrsflugzeug nach dem Zweiten Weltkrieg in Bremen gefertigt wurde.

Adresse Flughafenallee 29, 28199 Bremen-Neuenland | **ÖPNV** Bahn 6 und Bus 52, Haltestelle Flughafen | **Öffnungszeiten** täglich 10–18 Uhr | **Tipp** In der Flughafenhalle, meist übersehen, hängt ein Modell der internationalen Raumstation, die vom oberen Umgang aus gut zu sehen ist. Ihre Dimension wird durch den Vergleich mit Astronautenpuppen, die außen schweben, verdeutlicht.

13 Das Bremer Haus

Es prägt die Stadt und macht sie besonders

Das Bremer Haus – in Immobilienanzeigen gern auch »Altbremer Haus« genannt – hat nicht unbedingt etwas mit einer bestimmten Größe zu tun, denn es kommt mit nur einer Etage zu ebener Erde vor oder mit Souterrain, Hochparterre und ein oder zwei Stockwerken. Es gibt es in der Regel als Reihenhaus, aber auch als frei stehendes oder als Doppelhaus. Dort, wo es Bestandteil eines Doppelhauses oder einer Reihung von Häusern ist, hat man die Fassaden häufig häuserübergreifend zu einem symmetrischen Ensemble gestaltet.

Der Aushub für die meist flachen Souterrains – so weit wegen des Grundwasserspiegels möglich – wurde für die Anhebung der Straße benutzt, und häufig liegt deshalb der Garten hinter dem Haus tiefer, und man erreicht ihn vom Keller quasi zu ebener Erde. Vorn gelangt man über eine Freitreppe ins Hochparterre, auf dessen Ebene oftmals zwei Räume hintereinander liegen, die nur durch eine Schiebetür getrennt sind. Nicht selten gibt es auf der Höhe des Hochparterres offene Veranden, die zur Kommunikation mit den Nachbarn beitragen.

Das Gros der Bremer Häuser wurde von 1840 bis 1914 gebaut. Das hängt damit zusammen, dass Bremen bis 1888 nicht dem Deutschen Zollverein angehörte. Dies bewirkte, dass Industrien, in denen Fertigprodukte hergestellt wurden, sich wegen des hohen Zolls nicht in Bremen selbst, sondern im Umland, also in Delmenhorst oder in den damals noch nicht zu Bremen gehörenden Stadtteilen im Norden und Süden, ansiedelten. Es gab deshalb bis 1888 kein nennenswertes Industrieproletariat, sodass Mietskasernen zunächst kein Thema waren. Lange verbot auch die Gesetzgebung das Wohnen in sogenannten Gängen, was darauf hinauslief, dass es keine Hinterhöfe gab. So ist Bremen altstadtnah mit Stadtvierteln ausgestattet, in denen sich ein wohlproportioniertes Haus an das andere reiht, in engen Straßen, in denen man sich kennt – schon fast wie auf dem Dorf.

Adresse besonders Seitenstraßen im Ostertor, Steintor, Fesenfeld, in Findorff und in der Neustadt, sehr schön auch die Hermann-Allmers-Straße in Schwachhausen | **Tipp** Falls Sie Nichtbremer sind und keine Bekannten in Bremen haben, versuchen Sie es doch einmal mit Couchsurfen. Vielleicht gelangen Sie so in den Genuss, einmal in einem Bremer Haus zu wohnen.

14 Die Bunker

Wie für die Ewigkeit gebaut

In den angespannten Hochzeiten des Kalten Krieges schreckte ein infernalisches Heulen aller Sirenen der Stadt ab und zu die Bürger aus ihrem Alltag: Probealarm. Wohl nur die eifrigsten der gerade unterwiesenen Schüler merkten sich den Unterschied zwischen einem bevorstehenden Luftangriff und dem anders getakteten ABC-Alarm. Otto Normalbürger wollte von Dingen, die mit dem Krieg zu tun hatten, nicht behelligt werden. Irgendwann ließ man die Alarmübungen fallen, und die meisten Sirenen wurden abgebaut. Was bis heute blieb, sind rund 130 Luftschutzbunker, die über die ganze Stadt verteilt sind. Nur wenige wurden abgerissen.

Der Verwendungszweck der Bunker unterlag bald einem Wandel. Einige wurden zu Mahnmalen, was durch eine politisch motivierte Bemalung wie am Bunker in der Admiralstraße zum Ausdruck gebracht wurde. Andere wurden als Schandfleck gesehen, und ihre äußere Gestaltung sollte einen neuen ästhetischen Akzent im Stadtteil setzen. Dann schlug die Stunde der Musiker. Da Musik, wie Wilhelm Busch schon wusste, mit Geräusch verbunden ist, boten die Bunker ideale Übungsräume. Schwermetaller, die trotz ihrer Triumphe in Wohngebieten eher weniger konsensfähig sind, und andere Freunde der Beatmusik durften in den düsteren Eingeweiden der dicken Kolosse auf ihre Schlagwerke einhämmern, dass es den sensiblen Bürgern eine Freude war. Einige Bunker wie der B 35 in der Neukirchstraße wurden dazu mit Feuerschutz und Toiletten auf Vordermann gebracht.

Während viele Bunker weiterhin rumstehen und auf schlimme Zeiten warten, sind wenige zu Kultobjekten geworden. In Gröpelingen gibt es einen Kletterbunker und im Steintorviertel jeweils einen Theaterbunker und einen Kulturbunker. Andere wurden zu begehrten Wohngebäuden umgebaut. An den dicken Mauern wurde herumgefräst, bis sie höchst individuelle Behausungen abgaben. Ziemlich unkaputtbar sind sie obendrein.

Adresse Kletterbunker: Mählandsweg 35, 28239 Bremen-Gröpelingen; Kultur im Bunker: Berliner Straße 22c, 28203 Bremen-Steintor; Theater 62: Lessingstraße 12, 28203 Bremen-Steintor; Probenbunker: der mittlere Bunker in der Neukirchstraße, 28215 Bremen-Findorff; Wohnbunker: Roonstraße im Fesenfeld und Franziusstraße am Bürgerpark; Beispiel für einen bemalten Bunker: Woltmershauser Straße 152a, 28197 Bremen-Hohentorshafen (vom Künstler Jimmi D. Päsler) | Tipp Jeden 2. Samstag im Monat ist Ü-21-Disco im Bunker C 178, Am Werfttor 10, 28755 Bremen-Vegesack.

15 Das Bürgerparkgehege

Gefleckte Ferkel in der Frühlingssonne

Für viele Bremer gibt es in jedem Frühjahr ein eingespieltes Ritual: Man pilgert an einem sonnigen Tag mit Kind und Kegel in den Bürgerpark zu den Tiergehegen, um zu gucken, ob schon Nachwuchs da ist. Besonders beliebt bei Jung und Alt sind die quirligen Ferkel des Bunten Bentheimer Landschweins. Es gehört zu den bedrohten Nutztierrassen, weil der moderne Markt, ähnlich wie beim Obst, sich auf einige wenige Arten eingeschossen hat. Und da spielt ein Schwein wie das Bentheimer, dessen intramuskulärer Fettgehalt höher ist als bei den auf Norm gebrachten üblichen Hausschweinen, keine große wirtschaftliche Rolle mehr. Mit seiner Haltung leistet der Bürgerparkverein einen kleinen Beitrag dazu, dass dieses gefleckte Schwein als Rasse nicht ausstirbt. Ein Eber und zwei Mutterschweine sorgen für Nachwuchs. Auch bundesweit sind die Bentheimer im Rahmen der Slow-Food-Bewegung wieder im Kommen.

Neben den Schweinen sind weitere 18 Tierarten vertreten, darunter Zwergformen wie solche von Ziege, Zebu, Huhn und Esel. Die größten Tiere sind Damwild, Mufflons und Alpakas. In den Anfängen des Bürgerparks ab 1870 hing die Bestückung der Gehege von dem Zufall ab, welche Tiere jemand aus der Fremde mitbrachte und spendete. Heute achtet man darauf, dass nur solche Arten einen Platz finden, die aus unserer oder einer vergleichbaren Klimazone stammen. Denn man will ihnen ohne aufwendige Verrenkungen ein ihnen gemäßes Ambiente bieten. Hinzu kommt, dass manche heimische Tierart wie das genannte Bunte Bentheimer dem agrarisch unbedarften Stadtmenschen schon wieder exotisch erscheint.

Früher gab es eine Voliere für Vögel, die ohne sie einfach weggeflogen wären. Davon ist man abgekommen, weil eine Voliere für eine artgerechte Haltung gar nicht groß genug sein kann. Einige bunte Vögel wie der Pfau, die Mandarinente oder die Rostgans bleiben auch ohne Gitter bei der Stange.

Adresse Bürgerpark, 28209 Bremen-Schwachhausen | **ÖPNV** Vom Hauptbahnhof zu Fuß über die Bürgerweide in den Bürgerpark. Oder Bus 26 und 25, Haltestelle Bürgerpark. Karten an den Eingängen helfen weiter. | **Tipp** Keine Tiere füttern. Sich selbst kann man dagegen in der Nähe gut bis sehr gut entweder bei »Emma am See«, in der Meierei oder im Parkhotel verköstigen.

16 Das Bürgerschaftsgebäude

Ein Glaskasten mit Kompromissgiebelchen

Über die Ästhetik des Hauses der Bürgerschaft aus dem Jahr 1966 können sich Bremer und Besucher noch heute die Köpfe heißreden. Für die einen zerstört es den geschlossenen Eindruck des »organisch gewachsenen« Marktplatzensembles, für die anderen ist mit ihm der Moderne ein ihr gebührender Platz eingeräumt worden. Wiederum andere halten die Debatten und Beschlüsse für viel bedeutsamer und dass man sich darüber gefälligst erhitzen müsse. Wie man sich, unbenommen des letzteren – politischen – Standpunkts, zu dieser Diskussion auch stellen mag, über eines ist wohl schon ein allgemeiner Kompromiss vorstellbar: Die Ausblicke aus den riesigen Glasfenstern auf den Markt und die umgebenden Baulichkeiten, gleich aus welchem Stockwerk, gehören zu den schönsten der Bremer Innenstadt.

Da nicht nur »die Sitzungen der Bremischen Bürgerschaft öffentlich sind«, sondern auch die Teile des Gebäudes, in denen beispielsweise öffentliche Ausstellungen stattfinden, sollte man sich diese Ausblicke gönnen. Dabei wird man bei allem Skeptizismus kaum umhinkommen festzustellen, dass dieses Gebäude mit seiner lichten Transparenz und Eleganz auch über seine Ausblicke hinaus für sich selbst einnehmen kann. Der Eingangsbereich und die großzügigen Treppenaufgänge vermitteln eine schwebende Leichtigkeit und Luftigkeit, die sich nicht notwendigerweise in den politischen Entscheidungen der Legislative, die hier zu Hause ist, widerspiegeln müssen.

Wohnt man einer Sitzung der Bremischen Bürgerschaft bei, lenkt kaum etwas im nüchternen Saal von den vorgetragenen Argumenten ab. Lediglich hinter dem Sitz des Präsidenten hebt sich ein abstrakt gehaltenes Bremer Wappen mit dem von zwei Löwen flankierten Schlüssel ab. Die Wände sind weiß, der Teppichboden rot, die Farben der Bremer Speckflagge. Die denkmalgeschützten Sessel seien unbequem, heißt es. Die Abgeordneten scheinen es verkraften zu können und zu wollen.

Adresse Am Markt 20, 28195 Bremen-Altstadt | ÖPNV Bahn 2, 3, 4, 5, 6 und 8, Bus 24 und 25, Haltestelle Domsheide | Tipp Rechts neben dem Haupteingang des Bürgerschaftsgebäudes ist ein videoüberwachter Skulpturengarten mit Werken von Gerhard Marcks tagsüber zeitweise zugänglich oder einsehbar. Die Skulpturen wurden alle zwischen 1957 und 1966 geschaffen. Freitags von 16 bis 17 Uhr verwandelt sich der Garten in eine öffentliche Lese-Ecke, wo jeder seine Lieblingsliteratur vorlesen darf.

17 Das Café Sand

Die Strandterrasse der Stadt

Wer mangels Balkon die Sommerferien nicht auf Balkonien verbringen kann, hat mit dem Weserstrand beim Café Sand eine populäre Alternative. Während man auf dem rechten Weserufer vorwiegend promeniert oder im Gras der Böschung allein oder in Gruppen abhängt, wuselt auf der anderen Weserseite das wild bewegte Strandleben bis in die Nacht hinein. Eine große, alternativ angehauchte Stammbelegschaft trifft sich hier mit schöner Regelmäßigkeit. Familien mit Kindern fühlen sich besonders wohl. Man kann Beachvolleyball spielen und, seitdem die Weser nicht mehr ganz so denaturiert erscheint, sogar auch schwimmen. Jedenfalls sieht man immer wieder Unerschrockene in die Fluten steigen. Lebensretter halten die Augen offen. Wem das alles zu wuselig ist, zieht sich ins luftige Lokal zurück. Hier ist der Bereich mit Bedienung. Der Panoramablick auf die Weser und die repräsentativen Villen des Osterdeichs ist auch von hier garantiert.

Das gastronomische Rückgrat des Strandlebens ist, neben Papas oder Mamas Picknickkorb, eindeutig das Café Sand. Es sieht aus wie ein überdimensionierter Wintergarten und bietet eine herzhafte Küche zu akzeptablen Preisen. Im Außenbereich mit Biergartenmobiliar ist für viele Platz. Bei strahlendem Wetter muss man für sein Bier und die Bockwurst schon mal anstehen. Besonders beliebt ist das Kuchenangebot. Die Tageskarte widmet sich saisonalen Angeboten, sodass es zur Spargelzeit regionalen Spargel in allen Varianten gibt. Sonntags wird ein opulentes Frühstücksbüfett angerichtet.

Für Skater und Radfahrer, die um den Werdersee herum unterwegs sind, ist das Café Sand Ausgangs- und Endpunkt. Wer den etwas längeren Fußweg aus der Stadt scheut, nimmt von gegenüber die Sielwallfähre, die unmittelbar vor dem Café Sand anlegt. Bei Spielen des SV Werder machen die Fans vor und nach dem Spiel hier Station. Manchmal gibt es auch etwas zu feiern.

Adresse Strandweg 106, 28201 Bremen-Neustadt | **ÖPNV** Bahn 4, 5, 6 und 8, Bus 24, Haltestelle Wilhelm-Kaisen-Brücke und dann zu Fuß 10 bis 15 Minuten weseraufwärts oder mit der Sielwallfähre von der anderen Weserseite | **Tipp** Wer mit Kindern unterwegs ist, kann sie in die Wildnis schicken. Der Spielplatz »Kinderwildnis« ist gleich schräg hinter dem Café.

18 Das City 46

Filme kritisch beäugt

Manche Erwachsene schämen sich ihrer Eitelkeit. Bei Kindern ist sie entweder noch nicht ausgeprägt, oder sie kennen keine Scham, oder beides spielt keine Rolle, oder sie spielen mit der einen oder der anderen Rolle. Jedenfalls sind noch zehn Minuten Zeit bis zum Filmbeginn eines als Kinderfilm angekündigten Streifens. Zwei sehr junge, unternehmungslustige Besucher können gar nicht oft genug und unermüdlich die weit geschwungene 1950er Wendeltreppe hoch- und runterlaufen, um ihre Bewegungen als gebrochene Spiegelbilder mit immer neuer Freude zu goutieren.

Das Kommunalkino ist wieder in die Innenstadt zurückgekehrt. An einen Ort, der schon seit man denken kann, ein Kino beherbergte. Von der Waller Heerstraße, wo man von 1994 bis 2011 residierte, hat man die Hausnummer mitgenommen. Vieles am »neuen« Gebäude ließ man beim Alten, wie den verführerischen Spiegelaufgang. Einiges wurde verändert, darunter die Beinfreiheit in den beiden Kinosälen. Ein dritter Kinosaal wurde umfunktioniert in einen Seminarraum, in dem Filme vorgespielt werden können, um sie zu analysieren oder mit anderen zu vergleichen. Eine solche Kino-Schule ist wohl einmalig in Deutschland. Ein Fachbereich der Universität sitzt mit im Boot. Zu Symposien holt man sich ausgewiesene Kenner aus aller Welt ins Haus.

Das Kino erfreut sich regen Zuspruchs und bietet vielen Institutionen die Möglichkeit, Filmwochen in seinen Sälen abzuhalten. Dazu zählen das Instituto Cervantes, das Institut Français und die Japanisch-Deutsche Kulturinitiative. Filme über Minderheiten oder benachteiligte Mehrheiten sind ebenso im Programm wie solche zu aktuellen Fragen. Ein Anspruch ist auch, den Cineasten der Stadt möglichst Filme im Original (durchaus mit Untertiteln) vorzustellen, gern auch von kleinen Verleihern, die in den großen Kinos keine Chance bekommen. Keiner soll in die Röhre gucken, gern aber in den Spiegel.

Adresse Birkenstraße 1, 28195 Bremen-Mitte | ÖPNV Bahn 4, 5, 6 und 8, Bus 24 und 25, Haltestelle Herdentor | Tipp In unmittelbarer Nähe am Herdentorsteinweg befindet sich das »Fritz«, das sich, neben klassischen Varietévorstellungen, mit nostalgischen Musikrevuen einen Platz in der Unterhaltungsszene erobert hat. Ein kleiner Platz am Herdentor wurde jüngst nach Loriot benannt.

19 Das Denkmal für Heine

Ein Nicht-nur-Romantiker berauscht sich in Bremen

Zweimal war Heinrich Heine (1797–1856) in seinem Leben kurz in Bremen. Das erste Mal für vier Tage im September 1826, das zweite Mal im Oktober 1843, zur Freimarktzeit. Beim ersten Mal kam er beschwingt von einem schriftstellerisch fruchtbaren Aufenthalt auf Norderney in die Hansestadt, das zweite Mal eher notgedrungen, weil er kein Transitvisum für das preußische Rheinland bekommen konnte und deshalb den Umweg über Holland, die See und Bremerhaven nehmen musste. Er war nun merklich angezählt, litt unter einem Augenleiden, und die laute Freimarktseligkeit ging ihm entschieden auf die Nerven. Nach nur zwölf Stunden entfloh er nach Hamburg.

Seinem ersten Aufenthalt verdankt sich das siebenstrophige Gedicht »Im Hafen«, in dem er einen trinkfreudigen Abend im Ratskeller zum Anlass nimmt, um rauschhaft in Gedanken über Liebe, Gott und die Welt zu schwelgen. Als sein weinseliges lyrisches Ich gegen Ende mit Hilfe des Ratskellermeisters die Stufen hochtaumelt, sieht es auf den Dächern ringsum trunken singende Engel und will in der Sonne die rote Nase des Weltgeistes, um die sich eine gleichermaßen betrunkene Welt dreht, identifiziert haben.

Seit geraumer Zeit sitzt das lebensgroße bronzene Abbild eines sinnenfrohen Heine auf einem unbequemen Hocker in den Bremer Wallanlagen. Eher nüchtern reiht das Reliefband, das sich um den steinernen Sockel der Skulptur zieht, Stationen seines Lebens und Werkes auf: Man erkennt unter anderen einen Aufenthalt am Meer, einen Bürgeraufstand mit intervenierenden Truppen und eine der lästigen Zoll- und Polizeikontrollen an den Grenzen.

Anlässlich des 100. Todestages von Heinrich Heine wurde Waldemar Grzimek (1918–1984) in Ost-Berlin beauftragt, eine Statue des Dichters anzufertigen. Sie wurde zu einem seiner gefragtesten Werke. Allein in Berlin wurden drei Versionen her- und aufgestellt. Der Bremer Nachzügler wurde in Worpswede gegossen.

Adresse Wallanlagen am Altenwall, 28195 Bremen-Ostertor | ÖPNV Bahn 2 und 3, Haltestelle Theater am Goetheplatz; Bahn 4, 5, 6 und 8, Bus 24 und 25, Haltestelle Domsheide | Tipp Heine ist der erste bedeutende Lyriker, der die Naturschönheit der Nordsee in Versen gewürdigt hat. Was liegt da näher, als »Die Nordsee« aus dem »Buch der Lieder« oder sein gleichnamiges Reisebild aufs Handy oder E-Book runterzuladen und auf einer Bank in den Wallanlagen zu lesen.

20_Das Depot

Bei Molly und Zigarre

Auf Naturschutzlisten sollen rot markierte Tiere und Pflanzen anzeigen, dass diese vom Aussterben bedroht sind. Im Depot der Bremer Straßenbahn stecken rote Heftzwecken in einer Deutschlandkarte bei den Städten, in denen die Straßenbahn abgeschafft wurde. Und das sind nicht wenige. Bremen hat sich seiner Straßenbahn nicht entledigt, im Gegenteil, das Netz wird ausgebaut, auch jenseits der Stadtgrenzen, zum Beispiel bis über Lilienthal hinaus.

Freunde der Straßenbahn pflegen das Erbe dieser Errungenschaft des innerstädtischen Personentransports nicht nur, indem sie historische Bahnen restaurieren, warten und im zum Museum ausgestalteten Depot ausstellen. Sie laden auch an manchen Sonntagen zu Rundfahrten in der Ringbahn 16 ein und vermitteln dabei dem Fahrgast das nostalgische Gefühl, sowohl gefahren als auch geschüttelt zu werden. Der Schaffner dreht dazu stehend am Rad, während der Kontrolleur die vorbeiratternden Sehenswürdigkeiten vorstellt.

Die Bremer Straßenbahn wurde 1875 zunächst als Pferdebahn aus der Taufe gehoben. Die erste Elektrifizierung erfolgte probeweise zur großen Gewerbeausstellung 1890 im Bürgerpark. Die Linie verband die Börse am Markt mit dem Park. Zwei Jahre später begann man, die Bahnen ans Stromnetz zu hängen. Bis zum Ersten Weltkrieg standen alle Strecken »unter Strom«, und die letzten Pferde wurden außer Dienst gestellt.

Die Ausstellung im Depot dokumentiert neben der Geschichte des Ausbaus die Lohnentwicklung der Schaffner und die Veränderungen der Arbeitszeiten und Fahrpreise. Eine Modellstraßenbahn kann (für 50 Cent mehr) durch eine originale Kurbel wie in echt beschleunigt und abgebremst werden. In der großen Halle warten »Molly« und die »Zigarre« (oder der Sambawagen) auf Besucher. Molly ist die älteste erhaltene Bahn, Baujahr 1900. Der Partywagen, der für rauschende Rundfahrten gemietet werden kann, dient im Depot als Café.

Adresse Schlossparkstraße 45, 28309 Bremen-Sebaldsbrück | **ÖPNV** Bahn 2 und 10, Bus 21, Haltestelle Segelsbrück, Bus 33, 34, 37, 44, 730 und 740, Haltestelle Sebaldsbrück | **Öffnungszeiten** Auf der Homepage der Freunde der Bremer Straßenbahn www.fdbs.net erfährt man sowohl die Öffnungszeiten des Depots als auch alle Regularien zu den Sonderfahrten. | **Tipp** Neben dem Depot lädt der liebevoll bepflanzte kleine Schlosspark Sebaldsbrück zu einem Spaziergang ein.

21 Die »Deutschland«

In der Tradition der weißen Schwäne der Unterweser

An der Weser unterhalb der Lesummündung liegt ein stolzes Segelschiff mit drei bis zu 52 Meter hohen Masten am rechten Ufer vertäut: die »Deutschland«, ein Vollschiff, das als Einziges unter deutscher Flagge verblieben ist. Wie es aussieht, wird sie nie mehr auf große Fahrt gehen. Allenfalls wird sie mit Hilfe eines Schleppers zur Segelwoche nach Bremerhaven und wieder zurück verholt.

Doch bevor sich Trauer über das Ende der Großseglerromantik breitmacht, sei darauf hingewiesen, dass sie bereits, als sie 1927 in Geestemünde vom Stapel lief, ein kleiner Anachronismus war. Sie war von vornherein als Schulschiff konzipiert. Denn das Training auf einem Segelschiff galt und gilt vielen Ausbildern von Seeleuten als unabdingbar, wie man während der Affäre um die Gorch Fock vernehmen konnte. Und das, obwohl diese danach nie mehr ein solches in ihrem Beruf betreten müssen. Der letzte Jahrgang der zu dem Zeitpunkt längst stationär gewordenen Ausbildung ging 2001 von Bord. Man hatte das Schiff bis dahin schon mehrfach überholt und 1994 unter Denkmalschutz gestellt.

In seiner »aktiven« Zeit von 1927 bis 1939 hat es ein Dutzend Mal mit seinen rund 140 Zöglingen den Atlantik überquert und bis 1944 noch öfter die Ostsee bis nach Helsinki. 1942 wurde der Schiffsrumpf mit einem magnetischen Schutz gegen Minen versehen. Der Wulst ist an den Flanken noch zu sehen. 25 Segel mit einer Fläche von fast 2.000 Quadratmetern konnten aufgezogen werden. Es gab keinen Hilfsmotor.

Heute ist das Schiff ein ungewöhnliches Museumsschiff, denn man kann es nicht nur täglich besichtigen, sondern sich dort einquartieren (auch mit Fahrrad). Zwar wurden die früher üblichen Hängematten durch Doppelstockbetten in den Zweierkabinen ersetzt, aber das Gefühl, innerhalb kurzer Zeit von einer Landratte zum Seebären zu mutieren, sollen schon viele erlebt haben – besonders in der Kapitänssuite.

Adresse Deutscher Schulschiff-Verein, Zum Alten Speicher 15, 28759 Bremen-Vegesack | **ÖPNV** mit dem Zug zum Bahnhof Vegesack, von dort zu Fuß Richtung Weser | **Öffnungszeiten** ganzjährig von 10–17, am Wochenende bis 18 Uhr | **Tipp** Ein Spaziergang im Abendrot: Am Schulschiff beginnt flussabwärts Vegesacks maritime Meile, die tatsächlich eine Seemeile lang sein soll. Sie führt über die Seilzugklappbrücke, an Fähranleger und Fluke vorbei bis zum Schlepper »Regina« an der Weserpromenade beim Stadtgarten.

22 Der Dombezirk

Wie kommt der Knigge in den Dom?

Im christlichen Mittelalter waren die geistliche und weltliche Macht nicht deutlich getrennt. Als das Bistum Bremen gegründet und der Dom gebaut wurde, übernahm der Bischof im Dombezirk auch die weltliche Gewalt. So sorgte er für dessen Schutz gegen äußere Feinde, indem er Befestigungen errichten ließ, die jedoch die Fischer, Bauern, Handwerker und Händler der Umgebung ausschlossen. Die führenden Geschlechter dieser Anrainer schufen sich im Mittelalter eine eigene weltliche Vertretung, einen Rat. So entwickelte sich Bremen als eine Stadt mit zwei herrschaftlich getrennten Territorien auf engstem Raum: einerseits die Stadt, die keinem außer dem Kaiser untertan sein wollte, andererseits der Dombezirk, der den Erzbischöfen unterstand, aber im Laufe der Reformation in ein Herzogtum umgewandelt wurde.

Vermutlich findet sich in Deutschland kein Stück Erde, das auf eine vergleichbare Abfolge internationaler Zuständigkeiten zurückblicken kann, wie der Dombezirk. Auf sächsischem Stammesgebiet errichtet, unterstand er nach der Christianisierung der Sachsen als Bistum in letzter Instanz dem fränkischen, dann dem deutschen König. Im Westfälischen Frieden wurde er als nun verweltlichtes Herzogtum Bremen dem Königreich Schweden zugeschlagen. Als Schweden im Nordischen Krieg unterlag, wurde das Herzogtum dänisch. 1715 kam es unter die Herrschaft Hannovers und unterstand damit der englischen Krone, da das Haus Hannover den englischen König stellte. Hier kommt Adolph Freiherr Knigge ins Spiel. Er wurde als hannoverscher Oberhauptmann zum Leiter der Domschule im Herzogtum Bremen ernannt. Bei seinem Tod wurde er auf hannoverschem Boden, also im Dom, beigesetzt.

1803 wurden Stadt und Domimmunität vereint. Als Napoleon über Europa herrschte, wurde Bremen französisch. Nach dem Wiener Kongress blieb es bis auf das Intermezzo der britischen und amerikanischen Besatzung deutsch.

Adresse zwischen Domsheide und Domshof, 28195 Bremen-Altstadt | **ÖPNV** Bahn 2, 3, 4, 5, 6 und 8, Bus 24 und 25, Haltestelle Domsheide | **Tipp** Das Grab des Adolph Freiherrn Knigge befindet sich im Dom zwischen der letzten Seitenkapelle des Südschiffs und dem südlichen Querschiff. Spätestens am Grab geziemt es sich für den Herrn, laut Knigge, die Kopfbedeckung abzunehmen.

23 Das Eislabor

Erdbeere mit Blauschimmelkäse zum Beispiel

So etwas gefällt der jüngeren Generation. Sie hat eben Geschmack! Bei schönem Wetter hängen fröhlich genießende Speiseeisabenteurer in Scharen auf der Terrasse und den Bänken vor dem Lokal ab. Die Eisdiele ist im Innern in einem kühlen Designerstil eingerichtet und hat dennoch nichts von diesem prätentiösen Hauch der Unnahbarkeit mancher Super-duper-mega-giga-Angeberschuppen. Die Lampen allein sind schon eine Geschichte für sich. Ein Mensch, der irgendwo jenseits des Medienaufgalopps im Wald wohnt, stellt sie her, und sie verbreiten auch dann ein wohliges Sommergefühl, wenn die Sonne den Sommer hinter den Wolken verschläft. Die Brüder Birac wissen mehr darüber.

Die beiden Brüder verstehen es auch sonst, eine lockere und beschwingte Atmosphäre zu zaubern. Nicht zuletzt durch ihre kuriosen Eiskreationen, die immer wieder von sich reden machen. Eine umgebaute Garage ist das eigentliche Labor. Dort hat das Experiment der Geschmacksfindungen sein Zuhause. Nichts ist zu ungewöhnlich, als dass es nicht einmal ausprobiert würde. Neulich war also Erdbeereis mit Blauschimmelkäse im Angebot. Hhmm!? Man würde es nicht jedem ohne nähere Erklärung empfehlen. Aber wenn einer ein Eis nicht nur zur Erfrischung, sondern auch ein wenig zur Dämpfung des eigenen Hungers essen möchte, sollte er es einmal probieren. Beim zweiten Mal schmeckt es besser als beim ersten Mal. Vieles ist eben Gewöhnungssache – und Geschmacksbildung.

Einige Schöpfungen sind uneingeschränkt zu empfehlen. Zum Beispiel: Mojito oder Campari-Zitrone. Vor allem Letzteres erfrischt an einem heißen Sommernachmittag ungemein. Diese Sorten sind für Kinder und Heranwachsende wegen des Alkoholgehalts tabu. Die Erfahrung hat gezeigt, dass sie sowieso viel lieber die klassischen Eissorten wie Erdbeere, Vanille und Schokolade oder Spaghettieis mögen. Aber keine Sorge, auch die Klassiker haben die Brüder im Angebot.

Adresse Am Schwarzen Meer 152, 28205 Bremen-Steintor | **ÖPNV** Bahn 2 und 10, Haltestelle Am Hulsberg | **Tipp** Eine Filiale für das experimentelle Eis auf die Faust gibt es vor dem Steintor 31. Wer schon immer einmal wissen wollte, wie sich »Sanssouci« auf Bremisch buchstabiert, kann am Schwarzen Meer fündig werden. Das schnuckelige Gässchen heißt »Sorgenfrei«.

24 La Fattoria

Keimzelle für einen kleinen, feinen Kiez

Nicht dass es nicht schon vorher Läden und Lokale in genügender Varietät in der Wachmannstraße in Schwachhausen gegeben hätte, es gab sie immer schon! Aber seit die Fattoria ihre Pforte geöffnet und, vor allem, nachdem sie sich ums Eck herum in die Hartwigstraße hinein vergrößert hat, ist an warmen und auch an nicht ganz so sonnigen Tagen ein Gefühl von Toskana in die Region eingezogen. Angefangen bei den jungen Müttern mit Anhang und Zeit, dem arrivierten Künstler, dem beliebten Facharzt, über die weit gereiste Studienrätin, den emeritierten Professor bis zum jugendlichen Referendar sitzt innerhalb eines Tages halb Schwachhausen – und sei es nur für eine kurze Kaffeepause oder zu einem endlosen Klönschnack – im oder vor dem Lokal und lässt es sich gut gehen.

Die freundlichen Bedienungen – die männlichen eingeschlossen – spiegeln die entspannte Atmosphäre des Ladens wider. Der Ausdruck Laden ist mit Bedacht gewählt, denn die Fattoria ist nicht nur Café und Bistro, sie ist auch mit einem Verkaufstresen für Pecorino und Parmaschinken, für Pasta und Panini, für Prosecco und Olivenöl ausgestattet. Selbst Torta della Nonna gibt es zum Mitnehmen. Aber auch zum Vorortverzehr.

Der Verkehr ist in der Wachmannstraße auf 30 Stundenkilometer heruntergeregelt. Schneller darf er auch gar nicht sein, will der Lenker am Steuerrad im Vorbeifahren erfassen, wer heute alles vor der Tür sitzt. Und wer vor der Tür sitzt, genießt diesen Cappuccino-Hauch Italiens, auch wenn und weil die um die Kurve schrammende Linie 8 in jedes Gespräch hineinquietscht.

Wenn am Mittwoch und am Samstag auf dem Benqueplatz auch noch der kleine Markt stattfindet und gar die Sonne scheint, sodass in der Gegenrichtung Molin mit seinem vorzüglichen Speiseeis vor Kunden brummt, scheint es manchmal, als durchdringe von irgendwoher ein aufgeräumt fröhliches »Volare – cantare« die ganze Wachmannstraße.

Adresse Wachmannstraße 52, 28209 Bremen-Schwachhausen | ÖPNV Bahn 6 und 8, Haltestelle Brahmsstraße | Öffnungszeiten Mo–Fr 9–13, Sa 9–15 Uhr, So Ruhetag | Tipp Schräg gegenüber der Fattoria kann man sich für die Gestaltung des eigenen äußeren Erscheinungsbildes in einer Schmuckwerkstatt beraten lassen. Sie liegt im rückwärtigen Teil des anspruchsvollen, gut sortierten kleinen Buchladens Thorban.

25 Das Fedelhören

Da ist der Lack noch längst nicht ab

Wer noch der Gewohnheit des Schaufensterbummelns frönt und einen eher unwilligen Partner dabeihat, kann im Fedelhören ein kleines Wunder erleben. Zunächst erscheint die Straße, egal, von welcher Seite man kommt, ob vom Dobben oder von den Wallanlagen, wie eine normale Straße. Das Pflaster allerdings ist nicht das beste. Manche Häuser, besonders in Dobbennähe, können gefallen. Die beiden Straßenzeilen – die krumme wie die gerade – sind nicht besonders lang. Beide trennt eine Verkehrsschneise der heftigeren Sorte.

Beide Straßenabschnitte sind interessant: zum Einstieg kann man sich den zwischen dem lärmenden Rembertiring und den beschaulichen Wallanlagen vornehmen, und zwar wegen seiner Antiquitätenläden. Hier kann es sein, dass ein sonst eher unwirscher Begleiter initiativ wird und sich selbst in solch einem Geschäft umsehen will. Für romantische Nostalgiker wie für beinharte Sammler wird von der afrikanischen Maske bis zum Art-déco-Leuchter, von der Gallionsfigur bis zur Schellackplatte alles geboten, was die übergoldete Vergangenheit hergibt. Dass es in der Straße auch noch Modeschneider und Raumausstatter, Maßschuhmacher und Schmuckdesigner gibt, erhöht ihren Kick. Ebenso Kunstgalerien. Dazu kommen ein italienisches Bistro mit südlichem Gestühl auf dem schmalen Gehsteig und um die Ecke an den Wallanlagen das unprätentiös kultige Café Heinrich. Der Buchladen in der Straße selbst wird von einem Antiquariat schräg gegenüber vom Heinrich aufs Beste ergänzt. Auch Wein gibt es. Fast wäre es vergessen worden: Jenseits der Straße beim Italiener kann man Teppiche der gehobenen Qualität erwerben. Daneben warten Münzen auf Käufer. Klaviere …

Und plötzlich kann aus einem harmlosen Schaufensterbummel eine große Affäre werden und der anfangs unwillige Begleiter zum charmanten, hilfsbereiten Träger – außer vielleicht bei Teppich und Klavier.

Adresse 28203 Bremen-Rembertiviertel | ÖPNV Bahn 1, 4, 5 und 10, Haltestelle Am Dobben | Tipp Ein besonderer Antikladen ist ganz in der Nähe: Am Dobben 130. Dort heilt der Puppen- und Bärendoktor aus der Form geratene oder sonst irgendwie lädierte Schmusepuppen und Kuscheltiere.

26 Das Fernmeldemuseum

So analog wird es nie wieder werden

Wer kennt es noch, das »Fräulein vom Amt«? Am Anfang stellten »Herrlein«, die nie so hießen, die Verbindung zwischen den Telefonteilnehmern her. Doch die bessere Verständlichkeit der höheren Stimmlage der Damen durch die oftmals gestörten Leitungen sorgte schnell für eine neue weibliche Berufssparte. Das Fräulein vom Amt sollte gebildet, höflich, jung und unverheiratet sein. Um dennoch zu heiraten, bedurfte es der Erlaubnis durch die staatliche Behörde, die Reichs- oder Bundespost. Das Telefonwesen war vor der Privatisierung Teil der Bundespost. Ein Flirt mit Anrufern war untersagt. Die Vermittlerin musste höflich und bestimmt die Verbindung unterbrechen. Ihr Vorgesetzter konnte sich jederzeit ins laufende Gespräch einklinken und mithören. Im Fernmeldeamt 1 war 1960 Schluss mit der Vermittlung von Hand. Das letzte Fräulein vom Amt der Bundesrepublik wurde 1966 außer Dienst gestellt. 1973 wurde die Handvermittlungsstelle endgültig aufgelöst.

Sobald man das liebevoll in Schuss gehaltene Museum betritt und der Blick auf den Rückstellklappenschrank für die Ortsvermittlung fällt, erwacht diese vor Kurzem längst vergangene Zeit. Der Experte, der die Besuchergruppe leitet, erweckt die Dinosaurier des Fernmeldewesens zu einem geräuschvollen Leben und hat zu jedem Gerät eine passende Geschichte und die genaue technische Erklärung parat. Die Bandbreite der Exponate reicht vom Telefon mit Reichsadler bis zum Fernschreiber mit Lochstreifen. Apparaturen von der Art, die in Bremen bereits achtlos in den Müll gekippt worden waren, wurden mit großem Aufwand aus der DDR-Konkursmasse nach der Wende ins Museum gerettet. Und alles funktioniert wie vorgestern.

Besuchen kann man das Museum nur über eine Voranmeldung und mit sachkundiger Führung. Das Museum verdankt sich dem Idealismus früherer Mitarbeiter und der langsam anlaufenden Förderung durch wenige Gönner.

Adresse Neuenstraße 76–80, 28195 Bremen-Faulenviertel | **ÖPNV** Bahn 2 und 3, Bus 25, Haltestelle Radio Bremen | **Öffnungszeiten** Führungen nur über www.stattreisen-bremen.de | **Tipp** Um sich auf das analoge Fernmeldezeitalter einzustimmen, kann man auf Youtube den Spielfilm von 1937 »Telephone Operator« anschauen. Zwei Fräulein vom Amt stellen die Verbindungen in dieser amerikanischen Schmonzette her. Unter dem Titel »Fräulein vom Amt« gibt es zudem zwei deutsche Spielfilme (1925/1954) und einen französischen (1943).

27 Der Findorffmarkt

Ohne ihn fehlt vielen etwas

Der Einzugsbereich des Findorffmarktes ist groß. Seine Klientel kommt aus allen umliegenden Stadtteilen zwischen Walle, Schwachhausen und Mitte und von weiter her. Aus Findorff sowieso. Diejenigen, die jeden Samstag hier einkaufen, kennen sich, wenn oft auch nur vom Sehen. An den Imbissbuden und Stehausschänken im Zentrum des rechteckigen Marktareals hinter dem Torfhafen trifft sich ein harter Kern von Marktbesuchern, die gerne auch mal eine Weile kleben bleiben, dort ihr erstes oder zweites Frühstück einnehmen, die Situation bei Werder fachkundig durch den Fleischwolf drehen oder auch mal allgemein das Menschsein reflektieren.

Der eigentliche große Markt ist auf dem Domshof im Zentrum der Altstadt. Er wurde vor Kurzem restrukturiert und übersichtlicher gemacht. Die Stadtoberen sahen Handlungsbedarf. Ein Markt, der so nah an der guten Stube Bremens liegt, dem noch eigentlicheren Marktplatz, der eine solche Funktion aber nur noch ganz selten im Jahr ausfüllt, ein solcher Markt soll schon ein bisschen präsentabel sein.

Beim Findorffmarkt möchte man das nicht haben. Das Schöne ist gerade, dass hier alles etwas quirliger und fast familiär eng zugeht. Auch haben neben den Händlern diejenigen eine Chance, die ihre Eigenbaugewächse anbieten, und diejenigen, die mit neuen Ideen aufwarten. Jeder Besucher hat zwar seine Lieblingsstände und weiß, wo sie zu finden sind, aber er freut sich auch über eine gewisse Fluktuation: über einen neuen Kräuterladen, einen alternativen Honigstand oder ein kreatives Nudelhaus. Auch Mediterranes und Exotisches wird gern gesehen.

Der Trumpf des Findorffmarktes ist jedoch die ungebrochene Bodenständigkeit. Selbst wenn gelegentlich Musiker das Marktgeschehen beleben, sei es der Mann mit dem Schifferklavier oder das Duo mit den unsterblichen Oldies, halten sie sich dezent im Hintergrund und sorgen so für eine gute Stimmung beim Einkauf.

Adresse zwischen Eickedorfer Straße und Neukirchstraße, 28215 Bremen-Findorff | **ÖPNV** Bus 26 und 27, Haltestelle Eickedorfer Straße | **Öffnungszeiten** Di–Do 8–13, Sa 8–14 Uhr | **Tipp** Wem es an den Imbissständen auf dem Markt selbst zu wuselig ist, der kann in einem der Lokale gegenüber dem Marktzentrum in der Neukirchstraße glücklich werden, zum Beispiel im »Glücklich Café«.

28 Das Focke-Museum

Die Memorabilien einer Metropole

Mit jedem Menschen, der stirbt, sagt man, stirbt ein kleines Universum. Mit jedem Haushalt, der entsorgt wird, gehen die sachlichen Koordinaten dieses Universums unter. Mit jedem Gebäude, das eingerissen wird, aber auch mit jedem Foto, das weggeworfen, mit jedem Dokument, das zerrissen wird, verliert die Menschheit nicht nur diese Dinge selbst, sondern auch die Gedächtnisstützen, die uns erlauben, unsere Vergangenheit zu erinnern oder zu rekonstruieren. In diesem Sinn sind Museen ein Stück weit Bremsen dieses ständigen Vorgangs, dass eine Welt ins Nirwana des Vergessens entschwindet.

Das Focke-Museum ist für Bremen eine solche Gedächtnisstütze und Vergessensbremse, und zwar eine, die mit modernsten Mitteln die Geschichte Bremens und ihre physischen Manifestationen geistig und sinnlich erfahrbar werden lässt. Wer wissen will, was Bremen über die Jahrhunderte hin bis in seinen Alltag hinein ausgemacht hat und noch ausmacht, kommt um den Besuch des Focke-Museums nicht herum. Im Hauptgebäude sind Schaustücke aus 1.200 Jahren Stadtgeschichte versammelt. Dort finden auch die exzellent gestalteten und bundesweit zur Kenntnis genommenen Sonderausstellungen statt. Einmal steht der Untergang Herculaneums zur Debatte, dann sind es Fotografien von Andreas Feininger, kürzlich die Archäologie im Nationalsozialismus. Dabei reflektiert das Museum auch seine eigene Rolle im Dritten Reich. Historische, zum Teil in den Museumspark verbrachte Gebäude beherbergen frühgeschichtliche und landwirtschaftliche Sammlungen oder spezifisch städtische Wohnkultur wie ein Jugendstilzimmer von Heinrich Vogeler. Ein jüngerer, mit Kupfer überzogener Kubus enthält ein für Besucher begehbares Magazin von A bis Z, in dessen Schaukästen sich Tausende von Fundstücken und Gaben aus Bremer Haushalten, Firmen und Amtsstuben stapeln. Darunter ein kompletter Pfeifenladen mit originaler Leuchtreklame.

Adresse Schwachhauser Heerstraße 240, 28213 Bremen-Schwachhausen | **ÖPNV** Bahn 4 und 5, Haltestelle Focke-Museum | **Öffnungszeiten** Mi–So 10–17, Di bis 21 Uhr | **Tipp** Im Museumspark in einem Teil der ehemaligen Gutsscheune gibt es ein Café/Bistro, wo man ganz entspannt drinnen oder im Grünen eine Pause einlegen kann.

29 Der Focke-Windkanal

Fünf Haushaltswaagen und ein Flugobjekt

Für Henrich Focke war das ein schwerer Schlag. Nach jahrelanger Kleinarbeit war sein neuer Hubschrauber Kolibri zur Serienreife entwickelt, zwei Testmodelle fertiggestellt und erfolgreich erprobt. Die Abnahme durch das Luftfahrtbundesamt stand kurz bevor. Danach sollte die Produktion anlaufen. Einer der Hubschrauber trug bereits die vorgeschriebene Flugzeugnummer. Da ging Fockes Kapital- und Auftraggeber, der Automobilbauer C. F. Borgward, in Konkurs. Das war im Jahr 1961. Focke war bereits 71 Jahre alt.

Fortan widmete sich Focke seinen Experimenten in einem Versuchslabor, das er sich nach dem Zweiten Weltkrieg in einem Innenhof nahe der Altstadt mit einfachsten Mitteln selbst eingerichtet hatte. Das Kernstück war ein kleiner Windkanal, der Windgeschwindigkeiten von bis zu 70 Stundenkilometer erzeugen konnte. Feine Drähte, die an den Flügeln und Leitwerken der jeweils zu testenden Flugmodelle befestigt waren, wurden über Eck so geführt, dass die an ihren anderen Enden befestigten Gewichte auf jeweils einer schlichten Haushaltswaage auflagen. Je nach Windgeschwindigkeit und Auftrieb lasteten diese Gewichte bei angeschaltetem Windkanal stärker oder schwächer auf den Haushaltswaagen, und Focke brauchte die jeweiligen Werte nur abzulesen und auszuwerten.

Nach Fockes Tod 1979 geriet dieses schlichte, aber genial ausgedachte Labor in Vergessenheit und begann zu verrotten. 1997 wurde Dr. Kai Steffen darauf aufmerksam. Mit viel Herzblut setzte er sich für eine Instandsetzung in der ursprünglichen Form ein. Selbst die Tapeten im kleinen Büro sind mit authentischen Materialien nachgearbeitet. Mittlerweile studieren Studenten hier nicht nur die Flugeigenschaften von Flugzeugmodellen, sondern auch Verwirbelungen von Abgasen auf Tankern und ähnliche Phänomene. Die detailreichen und mit historischen Anekdoten gespickten Führungen bringen die Augen von Technikfreunden zum Leuchten.

Adresse Emil-Waldmann-Straße 4 (Hinterhof), 28195 Bremen-Mitte | ÖPNV Bahn 1, 4, 5 und 10, Bus 25, Haltestelle Rembertistraße, und alle Linien, die zum Hauptbahnhof führen | Öffnungszeiten an jedem 1. So 12–17 Uhr, Führungen zu jeder ganzen Stunde | Tipp Wer an anderen Tagen und/oder mit mehr als sechs Personen den Windkanal besichtigen möchte, wende sich an Termine@Focke-Windkanal.de, Informationen zu Sonderveranstaltungen gibt es unter www.Focke-Windkanal.de. Ob, wann und wo der Seenotrettungskreuzer museal wird, weiß man auch im Windkanal.

30 Ein Forum für Kunst

Die kulturelle Gegenwelt hat abends geöffnet

Die Tür im Hochparterre steht offen. Es ist Freitagabend, und die Sonne ist schon untergegangen. Aus dem Innern des Hauses dringt unaufgeregtes Stimmengewirr. Soll man einfach reingehen, oder wie läuft das hier? Noch ein Zögern auf dem Treppenabsatz, unschlüssiger Blick, da kommt eine junge Frau durch den Flur und bestätigt, ja, man habe geöffnet. Man sei zwar ein Verein, aber eben auch eine Galerie, die Interessierten offenstehe. In den beiden für Bremer Häuser typischen ineinander übergehenden Zimmern hängen die Bilder der Galerie. Im Hintergrund ist eine Art Theke, an der zischen die Vereinsmitglieder gerade ihre Bierchen und pusten Rauch in die Luft. An Samstagen, an denen eine Vernissage stattfindet, ist die Galerie rauchfrei. An den übrigen Abenden darf geraucht werden, weil die Vereinsmitglieder weitgehend Raucher sind.

Der Ort, an dem sich alles abspielt, ist die ehemalige Hochparterre-Wohnung des verstorbenen Künstlers Gerhard Schlüter (1937–1998). Seine Freunde gründeten kurz nach seinem Tod und ihm zum Gedenken in »seinen« Räumlichkeiten einen Kunstverein und traten dort als Nachmieter an. Unprätentiös und als Gegenentwurf zu einer als blasiert empfundenen Kunstszene hat die Galerie mehr von einem mit ungeschminktem Leben erfüllten Wohnbereich als einem auf Repräsentation getrimmten Ausstellungsgehäuse.

Gezeigt werden neben den aus verstreutem Besitz zusammengeführten Werken des mit der Gründung des Vereins Geehrten auch andere Künstler, die bisher unentdeckt blieben oder die nur im kleinsten Kreis bekannt sind.

Gleichzeitig ist die Galerie ein allabendlicher Treffpunkt Gleichgesinnter, die sich dennoch nicht auf einen gemeinsamen Nenner bringen lassen. Das sorgt gelegentlich für informelle Diskussionen, in die sich der zufällig in die Galerie gelangte Besucher erst einmal einbringen können muss. Nein, halt! So richtig müssen muss er hier nichts.

Adresse Humboldt Schlüter e. V., Humboldtstraße 67, 28203 Bremen-Fesenfeld | **ÖPNV** Bahn 10, Haltestelle Humboldtstraße | **Öffnungszeiten** Di–Fr 19–22, Sa erst ab 20 Uhr | **Tipp** Einen Katzensprung entfernt gibt es einen »Bermuda-Platz« genannten kleinen Kiez. Das Trafohäuschen in der Mitte wurde vom Projekt »Köfte Kosher« in ein anschauliches Mahnmal für 183 Opfer rechter Gewalt in Deutschland seit der Wende (bis 2012) transformiert.

31_Der Freimarkt

Von der Warenmesse zur Freizeitsause

Wenn man von der fast tausendjährigen Tradition des Freimarkts spricht, ist anzumerken, dass die Ursprünge mit dem heutigen Freimarkt kaum etwas gemein haben, außer dass immer schon eine Marktgebühr für das Aufstellen von Ständen bezahlt werden musste. Von den Anfängen bis vor etwa 200 Jahren war der Freimarkt die zweimal im Jahr zugelassene Ausnahme von der Regel, nach der nur einheimischen Händlern erlaubt war, in der Stadt ihre Waren zu verkaufen. Die nach Pfingsten und im Herbst für jeweils ein paar Tage zugelassene Konkurrenz der auswärtigen Händler diente dem Zweck, der städtischen Obrigkeit über die Markt- und Wechselgebühren Einkünfte zu verschaffen. Wer es sich leisten konnte, gelangte zudem an Waren, über die einheimische Händler nicht verfügten.

Nach 1800 begann sich der Freimarkt allmählich zu verändern. Er entwickelte sich zu einem Volksvergnügen, bei dem das reine Marktgeschehen zunehmend an den Rand gedrängt wurde. Es ist wahrscheinlich, dass es auch in früheren Zeiten während des Freimarkts zu Menschenaufläufen kam und dass Gaukler und Musikanten dies nutzten, um ihre Künste in klingende Münze zu verwandeln. Nun aber wurden Attraktionen und Sensationen in jeder Form zum Kern des Freimarkts. Einerseits wurde eine – häufig mitleidlose – provinzielle Neugier befriedigt, andererseits kamen mit der wachsenden Industrialisierung die heute dominierenden Fahrgeschäfte auf. Manche Besonderheit ging verloren. Bestimmte Düfte (wie der Duft gebrannter Mandeln) waren an den Freimarkt gebunden. Heute gibt es kaum etwas Kulinarisches, das man nicht woanders auch bekommen kann. Und umgekehrt gibt es fast alles Kulinarische, das man woanders bekommt, von Gyros bis Nasi Goreng, auch auf dem Freimarkt. Bleibt der Wettbewerb der Fahrgeschäfte um den ultimativen Kitzel. Seltsam dabei, Autoscooter gibt es immer noch. Und nahezu unverändert.

Adresse Bürgerweide hinter dem Hauptbahnhof, 28215 Bremen-Findorff | **ÖPNV** fast alle Linien, Haltestelle Hauptbahnhof | **Öffnungszeiten** Die sogenannte fünfte Jahreszeit findet immer Ende Oktober bis Anfang November statt. | **Tipp** Wer erleben will, wie Bremer und Nichtbremer aus sich herausgehen, muss wohl ins Bayernzelt gehen. Der Tagespresse kann man entnehmen, wann selbiges von den Neulingen im Trikot des SV Werder erwartet wird. Die Osterwiese im Frühjahr am selben Ort wird weniger hochgespielt.

32 Die Galopprennbahn

Wettschein und Wirklichkeit

Wer noch nie bei einem Galopprennen dabei war und nur die ausgesuchten Fotos der »gelben Presse« von Ascot kennt, wird überrascht sein, wie leger und familienfreundlich es auf der Rennbahn in der Vahr zugeht. Natürlich gibt es die Damen mit den kecken Kinkerlitzchen an den mehr oder weniger ausladenden Hüten, auch manche Modetorheit, die mit augenzwinkernder Selbstironie oder ganz ernst gemeint zur Schau getragen wird. Die zugehörigen Herren in Schwarz genießen den glamourösen Auftritt der Damen und verkörpern in ihrem Outfit die Seriosität des Anlasses.

Die dunkle Halbweltseite, die in Spielfilmklassikern im Blickpunkt steht, mit Typen, denen die Zockerzüge ins pockennarbige Gesicht gemeißelt scheinen, fehlt völlig – und augenscheinlich niemandem. Das Gros der Wetter macht nicht den Eindruck, als müssten sie in einem verzweifelten Versuch die letzten Euro auf »Erlkönig« oder »Napoleon« setzen, um dubiose Schulden bei noch dubioseren Hintermännern abzugelten.

Sie stehen vor jedem Rennen am Führring und taxieren die Parade der nervös bis hitzig agierenden Rösser. Das zerknautschte Rennprogramm unterfüttert die eigenen Einschätzungen, und schon geht es ab zum Wettbüro. Auf der Tribüne überschallt der Rennkommentator aus den nostalgisch anmutenden Lautsprechern mit kontrolliert sich steigernder Stimmkraft die sich überschlagenden Ereignisse beim Einlauf. Über Sieg und Niederlage, Gewinn und Verlust entscheidet manchmal eine Nüsternlänge. Rufe der Begeisterung und Schreie der Enttäuschten gellen durcheinander. Artig beklatscht man die zum Absattelring zurückkehrenden Kentauren. Die Siegerehrung in der Mitte des Führrings unterhalb der Terrasse der Turf Lounge rückt die Besitzer der Heißsporne ins Rampenlicht. Die Einstimmung auf das nächste Rennen und der erneute Wetteinsatz folgen. Nach acht Rennen fast so reich wie vorher. Soll man da meckern?

Adresse Ludwig-Roselius-Allee 4, 28329 Bremen-Vahr | ÖPNV Bus 21 und 25, Haltestelle Rennplatz | Tipp Wer Wettneuling ist, sollte frühzeitig zum Rennen erscheinen und sich das Rennprogramm aushändigen lassen. Die Wettarten sind darin ebenso ausführlich beschrieben wie die bisherigen Platzierungen der Pferde. Wer sowieso lieber Golf spielt, hat im Innenraum der Rennbahn eine 9-Loch-Golfanlage mit Driving Range zu seiner Verfügung, allerdings nicht zu Rennzeiten.

33 Das GastHaus

Im Niemandsland der Innenstadt

Unter Wohnungssuchenden gibt es den an Galgenhumor grenzenden Spruch, man suche eine Bleibe, die müsse ruhig, günstig und mitten in der Stadt sein. Daraufhin erntet man ein mildes Lächeln, denn jeder meint zu wissen: Das gibt es nicht. Auch nicht in Bremen? Vielleicht nicht gerade auf dem Wohnungsmarkt, aber seit ungefähr zehn Jahren in der Hostellerie. Die angesprochene Herberge befindet sich in einem Kleinviertel, in das sich kaum jemand verliert, der nicht zufällig da arbeitet oder des Nachts am Wochenende um die Blöcke der Discomeile zieht.

Es handelt sich um ein paar enge Gässchen zwischen der Rembertistraße, dem Rembertiring und »Auf der Weide«. Die riesige Scheibe der Bildungsbehörde fungiert ebenso als Schallschutz vor den viel befahrenen Anrainerstraßen wie die Häuserfront an der Weide. Man kann zwar nicht sagen, dass das nach dem Krieg fast nur aus Neubauten wiedererstandene Quartier ein Ausbund an Schönheit ist, aber die eingangs angesprochenen Kriterien werden erfüllt.

Das GastHaus bietet Unterkunft auf drei Stockwerken für Rucksackreisende (mit und ohne Rad) in Einzel- oder in Mehrbettzimmern für bis zu sechs Personen. Die Zimmer sind licht, sauber, modern und schlicht. Damit die Luft nicht zum Schneiden dicht wird, gibt es nirgends Doppelstockbetten. Jedes Zimmer hat ein Duschbad, einen Föhn und einen Flachbildfernseher. Für Selbstversorger steht eine geräumige Küche bereit. Man isst im anschließenden Essraum, der um einen großzügigen Aufenthaltsraum mit bequemen Sofas, Fernseher und Büchern erweitert ist. Es gibt einen Gepäck- und Fahrradkeller, ebenso eine Waschmaschine und einen Trockner. Der Internetzugang ist frei. Das Publikum reicht von polyglotten Weltenbummlern über Studenten, die – neu in der Stadt – noch kein Zimmer gefunden haben, bis zu Rentnern, die gerade den Norden erradeln. Auch Gruppen auf Stadtbesuch finden sich ein.

Adresse Emil-Waldmann-Straße 5–6, 28195 Bremen-Bahnhofsvorstadt | **ÖPNV** Bahn 1, 4, 5 und 10, Bus 25, Haltestelle Rembertistraße, und alle Linien, die zum Hauptbahnhof führen | **Tipp** Wer es etwas luxuriöser mag, kann sich im Hoteltrakt des Hostels einmieten und genießt dieselbe zentrale Lage und Ruhe.

34_Das Gerhard-Marcks-Haus

Die bereitwillige Adoption eines Lebenswerks

Bremen war bis 1888 von Zollschranken umgeben. Als man die Stadttore niederlegte, errichtete man nach dem Entwurf von Friedrich Moritz Stamm anstelle des Ostertors ab 1825 zwei klassizistische Gebäude mit dorischen Säulen: das nördliche als Detentionshaus, das südliche als Wach- und Zollhaus. Hier waren die Polizeiwache und der Akzisemeister untergebracht. Letzterer hatte den Wegezoll einzufordern.

Dass das Werk des Berliners Gerhard Marcks (1889–1981) in dieses ehemalige Zollhaus gelangte, mag seltsam vorkommen, aber dem Schöpfer der Stadtmusikanten schien das Gebäude ideal für die Präsentation seines Lebenswerks. In Bremen ist man gerne darauf eingegangen. 1969 gründete sich eine Stiftung, und zwei Jahre später wurde das Gebäude nach den Weisungen des Bildhauers umgestaltet.

Seither werden dort neben Tausenden von Skizzen, Aquarellen und Illustrationen 400 seiner Skulpturen betreut. Von Anfang an dachten die Kuratoren daran, ihre Besucher auch mit den Exponaten anderer Künstler zu konfrontieren. Workshops für Schüler, Laien und Interessierte begleiten diese Ausstellungen. Hinzu kommt ein großes Angebot an Mal-, Zeichen- und Bildhauerkursen.

Marcks selbst hatte sich mit 18 der Bildhauerei zugewandt und war bei August Gaul und Gerhard Kolbe Schüler. Nach dem Ersten Weltkrieg wurde er von Walter Gropius als Meister ans Bauhaus in Weimar zur künstlerischen Leitung der Keramischen Werkstatt berufen. Im Jahr seines Ausscheidens, 1924, entstand die Kaffeemaschine Sintrax, was ein Hinweis ist auf sein praxisnahes Schaffen im Bauhaus. Im Dritten Reich verlor er alle Ämter, und 1937 wurden seine Werke für »entartet« erklärt. Sein Privatatelier in Berlin wurde mit fast allen Arbeiten 1943 durch Bomben zerstört. Nach einer Professur in Hamburg ließ er sich 1950 in Köln als freier Bildhauer nieder. Seine Werke in Bremen stammen meist aus dieser Zeit.

Adresse Am Wall 208, 28195 Bremen-Ostertor | **ÖPNV** Bahn 2 und 3, Haltestelle Theater am Goetheplatz | **Öffnungszeiten** Di–So 10–18, Do bis 21 Uhr | **Tipp** Die Spuren, die Marcks in Bremen hinterließ, reichen von der »Liegenden Ägina« im Theatergarten über das Zentrum (Bürgerschaft, Lesegarten und Rathaus) bis zum neuen Gebäude von Radio Bremen im Faulenviertel, wo der »Rufer« an der Schlachte über den Fluss zu rufen scheint. Bei »3 nach 9« ruft er manchmal in Richtung Studio, denn er lässt sich drehen.

35 Eine gläserne Manufaktur

Das Objekt der Begierde für die Champions League

In der Konzentration wirkt die Kraft. Schlag für Schlag mit dem Hämmerchen wird die Oberfläche des silbernen Bechers geglättet. Silber schmiedet man kalt. Das Hämmerchen stammt aus den Anfängen der Manufaktur. Viele der Werkzeuge haben dieses Alter und sind ein Teil des Schatzes der Firma, denn die meisten von ihnen werden so nicht mehr hergestellt. Der andere Schatz sind über 20.000 Originalskizzen, Zeichnungen und Entwürfe von Leuchtern, Pokalen, Schalen und Trinkbechern mit all ihren Verzierungen und Gravuren. Hinzu kommen Hunderte von Gussformen.

Die Silbermanufaktur Koch & Bergfeld wurde von den beiden Namensgebern 1829 gegründet. Nur die Silbermanufaktur Wilkens in Hemelingen ist älter. Heute gibt es Koch & Bergfeld zweimal in Bremen: zum einen am ursprünglichen Sitz in der Neustadt und zum anderen als eine zweite, eigenständige Firma, die aus der Stammfirma hervorgegangen ist, in der Überseestadt. Diese zweite Firma hat sich 2007 im Schuppen 2 am Europahafen auf 900 Quadratmetern eine gläserne Manufaktur eingerichtet. Über ein Dutzend Silber- und Goldschmiede arbeiten hier, und sie haben reichlich zu tun.

Eine Spezialität ist die detailgetreue Erstellung von Schiffsmodellen aus reinem Silber. Mancher Yachtbesitzer liebt es, seinen Schreibtisch mit der Nachbildung seiner Lieblingsyacht zu schmücken. Ähnlich aufwendig ist die Fertigung der alljährlich vergebenen Goldenen Kamera.

In die Schlagzeilen gekommen ist die Manufaktur mit der Herstellung von Siegestrophäen für den Sport. Die berühmte »Salatschüssel« als Meisterschale für den Deutschen Fußballmeister kommt ebenso von hier wie der Pokal des Deutschen Pokalsiegers im Fußball. Selbst der »Henkelpott« für den Champions-League-Sieger wurde hier entworfen und gefertigt. Da er ein Wanderpokal ist, erhalten die Sieger auf Wunsch ein um 20 Prozent verkleinertes Abbild als dauerhaften Besitz für ihre Vitrine.

Adresse Koch & Bergfeld Corpus, Hoerneckestraße 33–37, 28217 Bremen-Handelshafen | ÖPNV Bahn 3, Haltestelle Europahafen | Öffnungszeiten an Werktagen von 9–16, freitags bis 13 Uhr, für Führungen ab acht Personen wende man sich an Frau Klug unter Tel. 0421/ 343456 | Tipp Ebenfalls im Schuppen 2, aber am anderen Ende, befindet sich eine weitere kleinere gläserne Manufaktur. Hier stellt Birgitta Rust »piekfeine Brände« her. Der Laden ist ein Hingucker, und die Produkte sind erlesen.

36 Die Glocke

Ein Konzerthaus im Zickzack-Stil

Wenn Mariza das Mikrofon abschaltet und a cappella den Weltschmerz ihres Fado aus tiefster Kehle in den 1.400 Gäste fassenden großen Saal der Glocke trägt, ist der Klang so klar und rein, dass jeder Zuhörer erschüttert fühlt, wie sein eigener sublimer Weltschmerz in der Seele wohlig bis zwiespältig zieht. Wie er ihm Tränen des Glücks in die Augen treibt und für Momente alle Halbherzigkeit abperlt. Erlebnisse dieser Brennweite haben der Glocke einen unbestrittenen Platz im Leben Bremens gesichert.

Herbert von Karajan, der mit den Berliner Philharmonikern elf Mal in der Glocke gastiert hat, war begeistert von der Akustik des großen Saals und zählte ihn zu den drei besten Konzertsälen Europas. Der Architekt, der diesen Klangkörper 1927/28 entstehen ließ, war Walter Görig. Er konzipierte einen lang gezogenen, eher engen, hohen Raum. Deshalb wird der von der Bühne an der schmalen Stirnseite kommende Schall über die Seitenwände früh reflektiert. Da die Wandverkleidungen nicht unmittelbar mit der Mauer verbunden sind, prallen die Schallwellen nicht hart auf, sondern werden elastisch zurückgeworfen. Eine vergleichbare Wirkung geht von der hohen Decke aus, denn sie ist vibrationsfähig an Stahlseilen aufgehängt. Weil es über einem Resonanzraum ruht, unterstützt selbst das Parkett die Schwingungen.

Neben der Glocke gibt es nur noch ein im ursprünglichen Zickzack- oder Art-déco-Stil erhaltenes Konzerthaus in Deutschland. Durch die Verwendung von Backstein in der Fassade schreibt sich die Glocke in die regionalen Traditionen ein. Mit gelbem Marmor, Stuck und Solnhofener Sandsteinplatten wird der Art-déco-Stil im Innern edler fortgeführt. Der kleine Saal dient Kammerkonzerten, Lesungen und Feiern. Neuerdings stellen hier die Träger des Bremer Literaturpreises ihr ausgezeichnetes Werk vor. Zum Lokalkolorit gehört dabei die gelegentliche Wahrnehmung einer vorbeifahrenden Straßenbahn.

Adresse Domsheide 6, 28195 Bremen-Altstadt | ÖPNV Bahn 2, 3, 4, 5, 6 und 8, Bus 24 und 25, Haltestelle Domsheide | Tipp Vor oder nach einer Veranstaltung lädt das »Intermezzo« im Haus zur kulinarischen Vor- oder Nachbereitung. Carl Dannemanns gerettete Fresken mit der Darstellung der Glocken-Legende blicken von den Wänden herab.

37 Das Goethe-Theater

»Wir mieden ausgelutschte Sachen« (Bruno Ganz)

Was die wenigsten wissen: Das Theater am Goetheplatz, vormals Bremer Schauspielhaus am Ostertor genannt, war bei seiner Gründung 1913 ein privates Theater. Es machte sich anders als das Stadttheater am Wall, das fast ausschließlich altbewährte Klassiker zur Aufführung brachte, von Anfang an einen Namen mit Uraufführungen moderner Stücke, die meist Stadtgespräch wurden. Im Dritten Reich wurde es als letztes deutsches Privattheater 1943 mit dem Tod von Dr. Eduard Ichon, dem letzten der beiden Gründer, in staatliche Regie genommen. Wie vieles in Bremen wurde das Theatergebäude bei den alliierten Bombenangriffen zerstört. Während man das Stadttheater nicht für wert befand, wiedererrichtet zu werden, entschied man sich beim Schauspielhaus schon wegen der weitgehend erhaltenen Fassade zum Wiederaufbau.

In der Nachkriegszeit begründete die Intendanz von Kurt Hübner von 1962 bis 1973 den einzigartigen Ruf des Theaters im deutschsprachigen Raum. Man sprach vom »Bremer Stil«. Mit dem Regisseur Peter Zadek, dem Bühnenbildner und Regisseur Wilfried Minks und dem Choreografen Johann Kresnik, um nur einige zu nennen, wurde das Goethe-Theater zeitweise zum skandalumwehten Nabel der Stadtkultur.

In der schlauen Schizophrenie der doppelten Vorteilsnahme warb die Hansestadt für sich mit dem Spruch »Bremen hat Deutschlands heißes Theater«, und gleichzeitig servierte der Kultursenator den unbeugsam theaterbesessenen Motor des Bremer Stils recht stillos ab. Diejenigen, die mit dem Ruhm der Neuerer gingen, trugen, wie Peter Stein nach Berlin, das Bremer Erbe in die großen Städte. Danach musste sich jeder Theatermacher in Bremen an der innovativen Kraft dieser legendären Epoche messen lassen und das Kunststück vollbringen, unter öffentlicher Beckmesserei für ein volles Haus in allen vier Sparten zu sorgen. Was auf dieser Bühne geschieht, lässt Bremen nicht mehr kalt.

Adresse Goetheplatz 1, 28203 Bremen-Ostertor | ÖPNV Bahn 2 und 3, Haltestelle Theater am Goetheplatz | Tipp Vor dem Theaterbesuch sollte man einen Tisch im Theatro vorbestellen, damit man im stilvollen Rahmen das Gesehene Revue passieren lassen kann. Den Standort des ehemaligen Stadttheaters am Wall markiert ein öffentlicher Theatergarten mit einer liegenden Skulptur von Gerhard Marcks.

38 Die Güldenkammer

Das Schmuckkästchen in der großen Schatzkiste

Als die deutsche Wehrmacht 1941 in die Sowjetunion einfiel, hatten die Polizeischergen der Nazis, die den Truppen auf dem Fuß folgten, Sonderfahndungslisten, auf denen Deutsche standen, die sich im Exil als Gegner des Faschismus betätigt hatten. Einer dieser aufgelisteten Gegner war Heinrich Vogeler (1872–1942). Von den Nazis mit Hinrichtung bedroht und von Stalins Bürokratie als Deutscher unter Generalverdacht gestellt, auch wenn er sozialistischen Ideen anhing, musste sich der Bremer Künstler nach Kasachstan begeben, wo er schlecht versorgt und krank verstarb.

Diesem 1905 noch ungebrochenen romantischen Träumer verdankt die Hansestadt ein Kleinod des Jugendstils, das kaum seinesgleichen kennt. Es gab im ersten Stockwerk des Rathauses zur Marktseite hin einen 300 Jahre alten Raum, der trotz edlem Namen ziemlich verwahrlost war. Vogeler bekam, vom Leiter der Kunsthalle Gustav Pauli empfohlen, durch den Senat den Auftrag, diese Kammer völlig neu zu gestalten.

Das Resultat kann man getrost ein Gesamtkunstwerk nennen. Der »güldene« Generaleindruck entsteht durch die über einer brusthohen Holzvertäfelung angebrachte Ledertapete. Ihr roter Hintergrund wird durch eine an Beardsley erinnernde schwungvoll verschlungene, rätselhafte Pflanzenornamentik im goldfarbenen Ton fast zum Verschwinden gebracht. Hinzu kommen große, schlanke Türgriffe, zierliche Kapitelle über Pilastern aus Holz und spiegelnde Kamingitter, die alle ihren metallischen Goldglanz versprühen.

Das Hauptmotiv neben dem Pflanzenzierrat sind pfauenähnliche Vogelvariationen, die neben dem Kamingitter und den Türgriffen auch noch den Ring schmücken, von dem sich in der Mitte des Raumes zwölf Leuchten herabsenken. Mit diesen exotisch wirkenden Vögeln hat Vogeler seinen Namen unterschwellig ins Spiel gebracht, mit der Güldenkammer endgültig seinen Durchbruch als Gestalter erlebt.

Adresse Am Markt 21, 28195 Bremen-Altstadt | ÖPNV Bahn 2 und 3, Haltestelle Obernstraße, Bahn 2, 3, 4, 5, 6 und 8, Bus 24 und 25, Haltestelle Domsheide, Bahn 4, 5, 6 und 8, Bus 24 und 25, Haltestelle Schüsselkorb | Öffnungszeiten Rathausführungen kann man bei der BTZ unter Tel. 0241/3080010 oder im Internet unter www.bremen-tourismus.de buchen. Bei der Führung darf man an der Tür stehend einen Blick in die Güldenkammer werfen. | Tipp Im Haus Riensberg des Focke-Museums kann Vogelers »Zimmer einer jungen Frau« besichtigt werden. Ein schöner Kontrast!

39_Der Hauptbahnhof

Ist das schön – oder darf das zugestellt werden?

Darf das sein? Jetzt soll der Bahnhofsvorplatz bebaut werden. Mit einem, wie die meisten lokalen Leserbriefschreiber meinen, gesichtslosen Kasten, von denen es schon einige im Innenstadtbereich gibt. Und was wird aus dem Blick auf den Bahnhof? Den Bremern ist ihr im historisierenden Stil der Gründerzeit errichteter Hauptbahnhof ans Herz gewachsen. Und nun befürchten sie, dass er, mit Ausnahme einer schrägen Sichtschneise, hinter einem Allerweltsklotz verschwindet und dass darüber hinaus das bisher offene, großzügige Entree, das in der jetzigen Form auch nicht das Goldgelbe vom Ei ist, zugestellt wird.

Doch noch ist die Fassade aus den Jahren 1886 bis 1891 weithin sichtbar. Ihre neoromanischen Bögen sind ihren romanischen Vorbildern zum Trotz leicht und schwerelos. Ihr figürlicher Schmuck besteht auf den Eckpfeilern aus Allegorien des Handels (links) und der Industrie (rechts) und in den Feldern zu beiden Seiten des mittleren Überfangbogens auf Uhrhöhe aus solchen der Schifffahrt und der Eisenbahn. Der Handel wird klassisch durch Merkur mit dem Flügelhelm, die Eisenbahn archaisch durch den Bändiger eines dampfspeienden Drachens verkörpert.

Vier Stadtwappen, die für die durch die Bahn miteinander verbundenen Städte Bremen, Hannover, Hamburg und Köln stehen, sind etwas tiefer auf den Eckpfeilern angebracht. In der Mitte unter der Uhr prangt das deutsche Reichswappen. Zu Ehren des in Bremen früher beliebten Kaisers Friedrich III. trägt der Reichsadler ein FR (Fridericus Rex) auf dem Leib.

Im Innern der Halle erstrahlt nach ihrer denkmalgerechten Restaurierung an der hinteren Wand anstelle einer von den Klöckner Stahlwerken installierten bewegten Hafen- und Industrieszenerie wieder ein naives Wandmosaik aus den 1950er Jahren. Es wirbt für eine Bremer Zigarettenfirma, die in einem größeren Konzern aufgegangen ist. Ansonsten ist der Bahnhof rauchfrei.

Adresse Bahnhofsplatz, 28195 Bremen-Mitte | ÖPNV fast alle Linien | Tipp Wer mit leichtem Gepäck und vor 19 Uhr in Bremen ankommt, kann sich an der ADFC Radstation am Hauptbahnhof Fahrräder und Pedelecs ausleihen. Außerdem kann man sich dort über geführte Fahrradtouren informieren.

40_Das Haus der Bücher

Wer Bücher liebt, kann sich hier verlieren

Irgendwie ist es für Liebhaber guter Bücher keine schöne Vorstellung, »Bücherwurm« genannt zu werden. Einem Wurm hängt etwas geistlos Gefräßiges an. Wie der Holzwurm klingt er nach Zerstörung. »Bücherfalter« hätte etwas schwungvoll Ästhetisches. Jemand flattert von Buch zu Buch und sucht sich den Lesestoff, der gerade Vergnügen bereitet oder neue Anstöße gibt. Im Haus der Bücher müsste so ein Falter allerdings ein ziemliches Durchhaltevermögen mitbringen, denn der Bücher sind dort wahrlich viele.

In nüchternen Zahlen ausgedrückt warten im Horner Antiquariat auf 800 Quadratmetern über 130.000 Bücher auf interessierte Leser. Alle Bücher geschickt aufeinandergestapelt ergäben bei absoluter Windstille einen Bücherturm, der von der Höhe her nicht ganz mit den Bergen im Himalaya konkurrieren könnte. Diese Lesemassen sieht man dem Haus von außen gar nicht an. Wenn man es betreten hat, merkt man erst, in welches Labyrinth man geraten ist: auf allen Stockwerken und bis ins hinterste Hinterzimmer Regale ohne Ende und immer bis unter die Decke. Die Wissensgebiete reichen von Architektur über Philosophie bis Zahnmedizin, und anders als bei manchem Bouquinisten an der Seine sind sie übersichtlich geordnet.

Was in den 1970ern in Utbremen als ein Zusatzgeschäft für einen Antiquitätenladen begann, wurde für die Eltern der heutigen Besitzerin schnell zum Hauptunternehmen. Der Platz reichte bald nicht mehr aus, sodass man in ein größeres Haus nach Horn umziehen musste. Doch vor Kurzem wurde auch dieses zu klein, weshalb zwei Häuser weiter den Büchern eine neue Bleibe gefunden wurde. An der alten prangt noch in großen Lettern unübersehbar auf weißem Grund der schlichte Name »Antiquariat«.

Ganz junge Leseratten, auch so eine zweifelhafte Bezeichnung, müssen über steile Stufen bis unter das Dach hinaufsteigen, um ihre Lektüre zu finden, quasi bis hoch in ihren Bücherhimalaya.

Adresse Leher Heerstraße 40, 28359 Bremen-Horn | **ÖPNV** Bahn 4 und 5, Bus 33 und 34, Haltestelle Vorstraße | **Öffnungszeiten** Mo–Do 15–18, Fr 15–19, Sa 10.30–13 Uhr | **Tipp** Stadtauswärts erreicht man mit dem Mühlenviertel ein Neubauareal, das seinen Namen von der restaurierten Horner Mühle hat. Stadteinwärts stößt man auf den Horner Friedhof, auf dem der älteste Baum Bremens, die 900-jährige Horner Linde, grünt.

41 Das Haus des Reichs

Drei Paternoster für den Parteiverkehr

Für mit Bürokratie konfrontierte Bürger eignet sich jede Behörde als Auslöser kafkaesker Phantasien, eine Finanzbehörde allemal. Wenn zudem das Gebäude durch seine Monumentalität Macht ausstrahlt und irgendwie anachronistisch »Haus des Reichs« heißt, kann den Bürger schon ein flaues Gefühl beschleichen. Dabei war der Zweck des Gebäudes anfangs nicht einmal ein staatlicher.

Die Herren Lahusen ließen sich von 1928 bis 1930 als Eigentümer der »Norddeutschen Wollkämmerei und Kammgarnspinnerei AG« eine repräsentative Konzernzentrale an die Wallanlagen setzen. Die Brüder Gildemeister, deren Entwurf bei der Ausschreibung des Projekts als zweitbester abgeschnitten hatte, erhielten den Zuschlag, weil sie neben anderem als Einzige für die Außenfassade hellen Sandstein vorsahen. Das Gebäude ist also, entgegen mancher Vermutung, kein Werk des deutschen Faschismus. Vorbilder sind eher in den USA zu suchen.

Seine Gesamterscheinung ist neoklassizistisch in abstrahierter Gestalt. Die Details an den Fenstern und im Eingangsbereich, der Brunnen im Innenhof und die Ausstattung in den früheren Direktorenzimmern sind hingegen Art déco. 90 Prozent der Räumlichkeiten bei rund 18.500 Quadratmetern Nutzfläche waren für Büros vorgesehen, davon etwa die Hälfte für die »Nordwolle« selbst. Sie sind eher schlicht gehalten. Zu den Preziosen gehören drei Paternoster, die 1994 beseitigt werden sollten. Da sie von den Mitarbeitern des Hauses geschätzt werden, dürfen sie unter Auflagen weiterhin durchs Haus schweben. Dieses in Bremen einmalige Kontorhaus gehörte bereits Mitte 1931 zur Konkursmasse des bankrott erklärten »Nordwolle«-Konzerns. Danach nutzten es so unterschiedliche Institutionen wie die Zollverwaltung Weser-Ems, ein NS-Gauleiter, das US-Hafenkommando und die Oberfinanzdirektion Bremen. Seine großzügige Ausstattung mit Ver- und Entsorgungsschächten machte dies ohne viel Aufwand möglich.

Adresse Rudolf-Hilferding-Platz 1, 28195 Bremen-Bahnhofsvorstadt | **ÖPNV** Bahn 4, 5, 6 und 8, Bus 24 und 25, Haltestelle Herdentor | **Öffnungszeiten** (der Kantine) Mo–Fr 7–15.30 Uhr | **Tipp** Im obersten Stockwerk des Hauses befindet sich die Kantine des Finanzamts, die auch von der Öffentlichkeit genutzt werden darf. Die Preise sind moderat, das Essen gut. Zudem eröffnet sich von der begrünten Dachterrasse ein großartiger Blick auf die Wallanlagen.

42_Das Haus der Wissenschaft

Vorwärts zur Weisheit

Im Schatten hinter der Nordseite des Doms steht ein schnuckeliges weißes Haus, das durch einen besonderen Fassadenschmuck auf sich aufmerksam macht. Die Statue eines Lesers in der Gewandung eines Renaissance-Menschen soll Gutenberg, den Erfinder des Buchdrucks mit beweglichen Lettern, darstellen. Der Schriftzug »Verein Vorwärts« mit dem Gründungsdatum 1846 weist darauf hin, dass dieser Verein hier einmal residiert hat. Ein gerahmtes Relief mit einem Bienenkorb soll eine von diesem Verein geforderte Primärtugend nach außen tragen, den sprichwörtlichen Bienenfleiß. Zitate von Schiller und Lavater unterstreichen den Anstoß zur Strebsamkeit, die sich jeder persönlich zu eigen machen soll. Diese Fassade aus dem Jahr 1882 könnte eine heutige Bildungsdiskussion illustrieren und in abstracto aktueller kaum sein.

Der Verein Vorwärts war gegründet worden, weil einige gebildete Bremer der Meinung waren, dass sich die arbeitende Bevölkerung in ihrer Freizeit flegelhaft benimmt und dass dem durch ein Bildungsangebot zu begegnen sei. Im Fokus stand zunächst die größte Arbeitersektion, die Zigarrenmacher; später jeder Bremer, der sich bilden wollte. Als Vereinsheim wurde 1853 dieses Haus erworben, von dem keiner weiß, wie alt es ist. Untersuchungen der Dachbalken haben ergeben, dass das Bauholz bereits im 15. Jahrhundert geschlagen wurde. Der Verein widmete sich nicht nur der Ausbildung der kognitiven Fähigkeiten seiner Mitglieder, sondern auch ihren musischen und sportlichen Ambitionen. 1973 verließ der Verein das Haus, das der Stadt Bremen übereignet wurde.

Nach einer Phase der Belegung mit Dienststellen wurde das Haus 2004 denkmalgerecht restauriert und als Haus der Wissenschaft für Veranstaltungen aller wichtigen Bremer wissenschaftlichen Institute zur Verfügung gestellt, darunter auch dem Verein »Wittheit zu Bremen«, einem Dachverband von 80 wissenschaftlichen Vereinen.

Adresse Sandstraße 4–5, 28195 Bremen-Altstadt | ÖPNV Bahn 4, 5, 6 und 8, Bus 24 und 25, Haltestelle Schüsselkorb | Öffnungszeiten Mo–Fr 10–19, Sa 10–14 Uhr | Tipp Im Haus selbst gibt es wechselnde Ausstellungen und eine Vielzahl von Vorträgen. Wer dem Vortragsprogramm der Wittheit (im Internet unter www.hausderwissenschaft.de) folgt, lernt auch andere sehenswerte, nicht immer zugängliche Veranstaltungsorte kennen, wie die Stadtwaage oder das Haus Schütting.

43 Das HBG

Zweisprachig in der Welt zu Hause

Das Hermann-Böse-Gymnasium ist trotz seiner über 100 Jahre nicht das älteste Gymnasium, aber mit seiner bilingualen Ausrichtung eines der angesehensten. Die Unterrichtssprachen sind Deutsch und Englisch. Die Aufnahme regelt ein Losverfahren, zu dem sich alle Schüler der Stadt des entsprechenden Jahrgangs anmelden können. Dem nach PISA geforderten Trend zu mehr Exzellenz folgend hat das HBG sich zur Europaschule qualifiziert. Zudem bietet es seinen strebsamsten Schülern den Zugang zu einem internationalen Abitur.

Über dem Hauptportal des imposanten Gebäudes verkörpern die Statuen des Astronomen Kopernikus und des geadelten Kosmopoliten Goethe die Bandbreite des Bildungsanspruchs. Im Innern birgt es einige Besonderheiten, die man als Außenstehender wohl nur am Tag der offenen Tür zu sehen bekommt. Manche Aufgänge, Flure und Räume der durchaus modernisierten Schule verströmen noch immer ein Flair von »Feuerzangenbowle«. Die Aula, ein Schmuckstück, ist ein säulenfreier Raum, dessen Decke durch eine Hängekonstruktion gehalten wird. Ab und an fragen Architekturprofessoren nach, ob sich ihre Studenten diese raffinierte Konstruktion auf dem Dachboden ansehen dürfen. Der legendäre Hausverwalter Salvatierra zeigte den Schülern seinerzeit rußgeschwärzte Karzer ungeklärter Nutzung, einen Auslug der Flugabwehr aus dem Zweiten Weltkrieg und daneben die mutmaßliche Internierungszelle der Alliierten für SS-Mitglieder.

Einer der verkanntesten Bremen-Romane beginnt mit dem Tag der Einschulungsfeier, die in der Aula vor dem Ehrenfenster für die Gefallenen des Ersten Weltkriegs der damals »Realgymnasium« genannten Anstalt stattfindet. Der Autor Rudolf Lorenzen (*1922) war ab 1933 bis zur Mittleren Reife Schüler hier. Sein Roman »Alles andere als ein Held« wurde neu aufgelegt und kann als früher Vorläufer des Kultromans von Sven Regener »Neue Vahr Süd« gelten.

Adresse Hermann-Böse-Straße 1–9, 28209 Bremen-Schwachhausen | ÖPNV Bahn 6 und 8, Bus 24, Haltestelle Blumenthalstraße | Tipp Ein Stolperstein vor der Schule erinnert an den kommunistischen Musiklehrer und Leiter eines Arbeiterchores Hermann Böse. Im Eingangsbereich der Schule kann man in einer Kurzbiografie mehr über sein trauriges Schicksal erfahren.

44 Die Heinrich-Heine-Bank

Der Weltbürger war kein bedingungsloser Patriot

Bei der Auswahl der Verse haben die Stifter der Heinrich Heine gewidmeten Jugendstil-Bank 1904 einen erfreulich guten Griff getan. Die Strophen, die sie für die Rückenlehne aus Heines Zyklus der »Neuen Gedichte« ausgesucht haben, deuten mit einem zum Bürgerpark passenden Hauch Romantik an, in welchem Widerspruch Heine steckte – so weit das in zwei Strophen möglich ist.

Heine hörte zeitlebens, er sei »ein Verächter des Vaterlands, Freund der Franzosen«, denn er gab die feudalen Verhältnisse der deutschen Duodezfürstentümer der Lächerlichkeit preis. Er pries ferner die freiheitlichen Errungenschaften der Französischen Revolution und forderte so die mächtigste Staatenkoalition seiner Zeit, die Heilige Allianz, heraus. »Pflanzt die schwarz-rot-goldene Fahne auf die Höhe des deutschen Gedankens, macht sie zur Standarte des freien Menschentums, und ich will mein bestes Herzblut für sie hingeben«, schreibt er im Vorwort zum Wintermärchen.

Fürst Metternich, der reaktionäre Taktstock der Heiligen Allianz, hatte ihn schon im Visier. 1835 empfahl er dem Fürsten Wittgenstein, Heines »Salon« zu lesen, »weil es die Quintessenz der Absichten … der Bagage, mit der wir uns beschäftigen, enthält. Zugleich ist das Heinesche Produkt ein wahres Meisterwerk in Beziehung auf Styl und Darstellung.« Heine ist der größte Kopf unter den Verschworenen. Unbeeindruckt von der Bewunderung für Heines Stil ließ er dessen Schriften im Dezember desselben Jahres verbieten. Heine war bereits im Exil.

Wie die Verse auf der Bank bedauern, wurde Heines Liebe zu seinem Vaterland zunächst nur im Traum erwidert. Die Bank wurde nach dem Ersten Weltkrieg von mutmaßlich antisemitischen Kräften beschädigt, aber 1924 restituiert. 1933 ließ der Direktor des Bürgerparks präventiv die Plaketten verstecken. Eine Fliegerbombe zerstörte die Bank. Nach der Zwischenlösung mit einer steinernen Bank wurde sie 1989 in der neuen alten Form wiederaufgestellt.

Adresse in der östlichen Mitte des Bürgerparks | **ÖPNV** Bahn 8, Haltestelle Crüsemannallee, zu Fuß auf dem Schwachhauser Ring nach Westen in den Bürgerpark, dann links abbiegen | **Tipp** Durch den östlichen Bürgerpark schlängelt sich vom Parkhotel bis zur Waldbühne ein »lyrischer Pfad« mit zehn Stationen. An jeder Station findet man ein besonderes Gedicht, das nach Monaten gegen ein neues ausgetauscht wird.

45 Der Himmelssaal

Verfemt und doch geschützt

Der Himmelssaal im Haus Atlantis ist eine Sehenswürdigkeit der dritten Art. Er sollte einen Mythos zur Anschauung bringen, wonach es eine nordische Hochkultur gewesen sei, die das bei Platon erwähnte ideale Atlantis geschaffen, seinen Untergang überlebt und im Grunde alle nachfolgenden zivilisatorischen Errungenschaften hervorgebracht habe. Der Saal sollte als Versammlungsstätte »völkischer Experten« dienen, um diese Ideologie zu propagieren.

Der so befrachtete Saal war wesentlich das Gemeinschaftswerk dreier Männer: des finanzkräftigen Unternehmers Ludwig Roselius, des mit ihm befreundeten Künstlers Bernhard Hoetger und des Ideologen Herman Wirth, der dem nordischen Mythos einen wissenschaftlichen Anstrich zu geben suchte. Alle drei begrüßten 1933 die Ernennung Hitlers zum Reichskanzler und huldigten der Vorstellung deutscher nationaler Größe. Hoetger trat 1934 in die NSDAP ein.

Wer nun glaubt, dass das bereits 1931 vollendete Haus Atlantis, dessen Botschaft in der (nicht mehr original vorhandenen) symbolträchtigen Fassade und dem Himmelssaal kulminierte, bei den Machthabern des Dritten Reichs, allen voran bei Hitler, Begeisterungsstürme ausgelöst hat, der täuscht sich über den Pragmatismus dieses Mannes, auch in Fragen der ideologischen Ausrichtung. Originalton Hitler 1936 auf dem Reichsparteitag in Nürnberg: »Wir haben nichts zu tun mit jenen Elementen, die den Nationalsozialismus … nur zu leicht verwechseln mit undefinierbaren nordischen Phrasen und die nun in einem sagenhaften atlantischen Kulturkreis ihre Motivforschungen beginnen. Der Nationalsozialismus lehnt diese Art von Böttcherstraßen-Kultur schärfstens ab.«

Das Verdikt Hitlers war eindeutig und vernichtend – eigentlich. Hoetger wurde 1938 aus der Partei ausgeschlossen, Roselius nie aufgenommen. Der Böttcherstraße wurde einschließlich des Himmelssaals 1937 überraschend Denkmalschutz gewährt.

Adresse im obersten Stockwerk des Haus Atlantis, das zum Radisson Blu Hotel gehört, Böttcherstraße 2, 28195 Bremen-Altstadt | **ÖPNV** Bahn 2, 3, 4, 5, 6 und 8, Bus 24 und 25, Haltestelle Domsheide | **Öffnungszeiten** nur Mo 10–18 Uhr zugänglich oder bei Vorträgen | **Tipp** Wer nicht gerade an einem Montag in der Böttcherstraße weilt, sollte trotzdem nicht versäumen, sich das zugängliche Art-déco-Treppenhaus anzusehen. Es soll mit den weißen und blauen Glasbausteinen den Aufstieg des versunkenen Atlantis aus dem Meer in den Himmel symbolisieren.

46 Höpkens Ruh

Wo der Juchtenkäfer fleucht, kreucht und krabbelt

Wie viele große Männer braucht es, um eine 200-jährige Eiche zu umfassen? Reichen zwei? Oder eher mehrere? Aber Vorsicht, vor Baumbruch wird gewarnt. Denn gerade weil die Bäume alt und manche auch schon etwas marode sind, fühlt sich der vom Aussterben bedrohte Juchtenkäfer in Höpkens Ruh wohl. Hier kann er im Mulm der Baumhöhlen existieren. Eichen mag er. Ob er seinem Habitat, dem Baum, dabei schadet, ist umstritten, denn seine Larven vertilgen auch den schädigenden Pilz und verlangsamen so möglicherweise den Verfallsprozess.

Im Übrigen ist der Juchtenkäfer ein wahrer Oblomow. Nur etwa 15 Prozent der auch »Eremiten« genannten Blatthornkäfer verlassen während ihrer kurzen Lebenszeit ihre Höhle. Meist dann, wenn ihre Eremitage überbucht ist und einzelne Käfer sich eine neue Wohnstatt suchen müssen. Auch ihr Flugradius ist beschränkt. Die Beobachter sprechen von 100 bis maximal 2.000 Metern. In Höpkens Ruh und dem parallel verlaufenden Mühles Park, die beide wie schmale Handtücher in der Landschaft liegen und deren Baumbestand eher licht gestreut ist, sind potenzielle Wohnbäume leicht zu erreichen. Häufig hat der Buntspecht schon vorgearbeitet.

Für den umsichtigen Spaziergänger ist diese etwas ungeschniegelte Parklandschaft ein naturnahes Vergnügen. Kleine Teiche, Rhododendronbüsche, weiße Parkbänke, Baumbestand wechselnder Dichte, weicher Waldboden und immer wieder Ausblicke auf die umgebenden Weiden und Felder machen Höpkens Ruh zu einer erholsamen Oase. Hinter dem Park führt ein Fahrweg an Gehöften und Pferdekoppeln vorbei bis zum Hodenberger Deich. Am Horizont erkennt man wieder Wald. Ein Fernglas macht sich nun gut, denn es gibt auf den durchfeuchteten Wiesen zahlreiche Vogelarten zu beobachten. Wer danach Kaffeedurst hat, kehrt wieder um, denn auf der Terrasse des Hotels Höpkens Ruh lässt sich der kleine Ausflug schön abrunden.

Adresse Oberneulander Landstraße, 28355 Bremen-Oberneuland | ÖPNV Bus 33, Haltestelle Höpkens Ruh | Tipp Wer nicht direkt umkehren will, hat die Möglichkeit, in einem Bogen nach rechts über den Hodenberger Deich zur Oberneulander Landstraße zurückzugehen. Unterwegs gibt es mit der »Hodenberger Diele« ein beliebtes Café am Deich.

47 Das Horner Bad

»O Sole mio« meint hier auch das Wasser

Wer sich an einem heißen, sonnigen Sommerwochenende ein ausgedehntes, spätes Frühstück gönnt und danach das Horner Bad anpeilt, sieht sich zunächst mit einer Fahrradabstellfläche konfrontiert, die zugestellter kaum vorstellbar ist. Das sollte niemanden abschrecken, denn auch hier gilt, dass nichts so heiß gelöffelt wird, wie es gekocht wurde. Auch bei einer Schlange an der Kasse kann man ganz entspannt bleiben, denn im rückwärtigen Teil des Bades hat sich noch immer ein Plätzchen auf der Liegewiese gefunden, ohne dass man dem Nachbarn zu nah auf den gebräunten Pelz rücken muss. Wenn dann noch ein lauer Wind aus Südwest weht, der die Geräusche der nahen Autobahn in die Ferne trägt, dann ist alles an äußeren Bedingungen angerichtet, einen erholsamen Badetag zu verleben.

Wenn es nach der Politik gegangen wäre, hätte man das Bad 2003, gut 70 Jahre nach seiner ersten Eröffnung als damals noch naturbelassenes Freibad in privater Hand, für immer geschlossen. Eine Bürgerinitiative hat sich vehement dagegen gewehrt und am Ende den Sieg davongetragen. Es wäre auch zu schade gewesen. Denn es gibt kein Bad in Bremen, das ein so hautfreundliches Wasser besitzt. Es speist sich aus solehaltigem Grundwasser, hat deshalb einen leicht salzigen Geschmack und muss deswegen nicht so gechlort werden wie anderswo.

Der Beschluss, das Bad zu erhalten, wurde genutzt, um es attraktiver zu gestalten. Es gibt nach wie vor ein seit 1960 existierendes, mehrmals überarbeitetes 50-Meter-Sportbecken. Einen Sprungturm mit zugehörigem tiefen Eintauchbecken hatte schon damals das Terrain nicht zugelassen. Das Nichtschwimmerbecken wurde mit einer Breitwasserrutsche ausgestattet. Ein Fontänenfeld und der Matschspielplatz finden besonders bei den jüngeren Badegästen viel Anklang. Auf dem Volleyballfeld übt bereits die nächste Generation für die Goldmedaille im Beachvolleyball.

Adresse Vorstraße 75, 28359 Bremen-Horn | **ÖPNV** Bahn 4 und 5, Bus 33 und 34, Haltestelle Vorstraße, zu Fuß auf der Vorstraße nach Westen | **Öffnungszeiten** Mo–Fr 6.30–20, Sa, So 10–19 Uhr | **Tipp** Wer nach einem sporthaltigen Tag nach Pizza verlangt, ist sowohl im »Matisse« (Vorstraße 79, mit schönem Außenbereich) als auch in der »Pizzeria Roma« (Am Herzogenkamp 32) gut aufgehoben.

48_Eine Kaffeerösterei

Kaffeepause mit Containerverkehr

Man kann in den Supermarkt gehen und Kaffee kaufen. Bei vielen läuft das im Alltag so. Aber wenn man sich ein besonderes Erlebnis gönnen will, sollte man schon in eine Kaffeerösterei gehen, wo das Kaffeearoma über den bedruckten Jutesäcken schwebt. Will man sich aber mit einer für Hafenunerfahrene ganz abgefahrenen Atmosphäre beschenken, sollte man zur Kaffeerösterei Lloyd pilgern.

Wenn man von Walle kommt und den Durchlass der Kartbahn nimmt, grüßt von oben die Inschrift von »Kaffee HAG«. Auf dem Fabrikgelände des einst von Ludwig Roselius gegründeten Genussmittelkonzerns steht zur Linken ein mächtiger Klinkerbau, den noch das Logo seiner zweiten großen dauerhaften Geschäftsidee, KABA, ziert. Weniger bekannt ist, dass Roselius noch vor dem dafür gerühmten Henry Ford in seiner Fabrik eine Art Fließbandproduktion für den entkoffeinierten Kaffee installieren ließ. Die Bohnen durchliefen einen ausgeklügelten Prozess, bei dem sie von der Anlieferung über das Entkoffeinieren bis zum automatischen Einfüllen des fertigen Kaffees in die werbewirksam beschrifteten Päckchen keine Menschenhand berührte.

Am Ende des Durchgangs rechts befindet sich die gesuchte Rösterei. Hier kann man natürlich frisch gerösteten Kaffee kaufen und während der Wartezeit das überkommene und aktuelle Inventar beschauen. Man kann aber auch, wenn man etwas Muße mitgebracht hat, auf einer kleinen überdachten Terrasse sitzen, schon mal etwas Kaffee (und Butterkuchen) vorkosten und zugucken, wie der eine oder andere Container vor der eigenen Nase hin oder her geschoben wird.

Wer ein Kaffeeseminar mitmachen will, muss sich am Montag um 11 Uhr einfinden. Er erlebt eine Vorführung des Röstvorgangs und erfährt alles Wissenswerte über den Kaffee. Als Sahnehäubchen obendrauf gibt es einen Rundgang, bei dem auch der von Roselius für Kaffee HAG eingerichtete Marmorsaal auf dem Programm steht.

Adresse Fabrikenufer 115, 28217 Bremen-Walle | **ÖPNV** Bahn 3, Haltestelle Jadestraße, Durchgang der Kartbahn benutzen | **Tipp** Von den einst über 200 Röstereien sind nur wenige geblieben. Sehr empfehlenswert auch die Kaffeerösterei Münchhausen am Geeren 24 im Faulenquartier. Verkauf nur vormittags. Auch dort gibt es Führungen.

49 Ein Kaisenhaus

Wohnen nach der »Stunde Null«

Im Januar 2013 wurde auf einer Parzelle in einem Kleingartengebiet in Woltmershausen ein Gartenhaus abgerissen. Damit wurde ein unberechtigt dort zur Nachmiete wohnender Rentner zunächst obdachlos. Das sorgte in der Stadt für einige Empörung, selbst wenn das Recht rein formal auf der Seite der Behörden war. In diesem Zusammenhang rückte ein besonderes Bremer Phänomen in den Blickpunkt: das sogenannte Kaisenhaus. Was hat es damit auf sich?

Im Zweiten Weltkrieg wurden über 60 Prozent des bremischen Wohnraums von den alliierten Bomberflotten zerstört. Schon während des Krieges suchten sich Ausgebombte mit dem Rest ihrer Habseligkeiten Ausweichquartiere. Die Wohnungsnot wurde verschärft durch Flüchtlinge und Vertriebene aus dem Osten und später durch die Beschlagnahmung von Villen und Häusern für die Besatzungsmacht. Nach Kriegsende hausten bis zu 70.000 Menschen in Gartenhäuschen der Parzellengebiete.

Wilhelm Kaisen erließ als Bürgermeister angesichts dieser Notlage ein Dekret, wonach die Bewohner der Kleingartengebiete ihre Häuser ausbauen durften. Später erhielten sie ein auf ihre Person beschränktes Auswohnrecht, sofern sie schon vor 1955 eingezogen waren und kontinuierlich dort gewohnt hatten. Mit dem Auszug oder Tod des Wohnberechtigten war ein solches Haus jedoch abzureißen. Heute gibt es noch etwa 100 dieser bewohnten »Kaisenhäuser«.

Ein Häuschen im Parzellengebiet der Waller Feldmark wurde vor dem behördlichen Abriss bewahrt und in ein »Kleinmuseum zur Geschichte der Bremer Kaisenhäuser« umgewandelt. Die naturgemäß schlichten Räumlichkeiten sind im Stil der 1950er und 60er Jahre ausgestattet. Besonders authentisch wirkt das Schlafzimmer im ersten Stock. Eine Schreibmaschine im Erdgeschoss erzählt eine eigene Geschichte vom Widerstand im Dritten Reich. Er hatte in den unübersichtlichen Kleingartengebieten seine Keimzellen – und Opfer.

Adresse Behrensweg 5a, 28219 Bremen-Waller Feldmark | ÖPNV Bus 28, Haltestelle Hohweg, zu Fuß über Unionweg und Nachtigallweg (dort Beschilderung) | Öffnungszeiten einmal an einem Sonntag im Monat von 11–17 Uhr, Näheres unter www.kaisenhaus.de, auch über zusätzliche Führungen | Tipp Wer es einrichten kann, kommt zur Zeit des Nachmittagskaffees, der mit Kuchen serviert wird. Der Verein des Kaisenmuseums finanziert sich auch durch dieses Angebot.

50 Kassiopeia

Edler Tee und bunte Steine

Wer einen Designerladen erwartet, ist hier fehl am Platz, obwohl die Villa natürlich zu ihrer Zeit dem Design ihrer Epoche entsprach. Aber das, was man mit einem Designerladen gemeinhin verbindet, nämlich sparsam dekorierte Räumlichkeiten und übersichtliche Glas-, Spiegel- oder Metallflächen, das ist bei Kassiopeia so nicht gegeben. Allerdings quellen die Verkaufsräume mit jeder Menge Vitrinen, überbordenden Schubfächern und einem Inventar wie aus Tausend und einer Seereise über. Weniger gefestigten Menschen könnte schwindelig werden.

Kassiopeia ist der älteste Bremer Laden, der noch von den Besitzern geführt wird, und zwar seit 1954. Da war, zurückhaltend geschätzt, über die Hälfte der Menschheit weder konzipiert noch geboren. Am Anfang lag der Schwerpunkt des Hauses auf dem Tee- und Kaffeeversand. Das Markenzeichen, ein Segler unter dem Sternen-W der Kassiopeia, ließen sich die Inhaber Ursula und Jupp John schon 1954 rechtlich schützen. Rund 6.000 Kunden erwarteten in den Anfangsjahren regelmäßig ihre Päckchen mit dem bestirnten Logo.

Steigende Portokosten ließen den Versandhandel in den Keller gehen. Die Kunden kamen nun zunehmend selbst in die grün abgesetzte Villa, um sich mit Spitzentees zu versorgen. Die Produktpalette wurde um Schokolade und Süßigkeiten und um Himalayasalz erweitert. Den größten Raum nehmen mittlerweile, zumindest gefühlt, Mineralien und Edelsteine ein. Colliers, die dem Schmuckträger durch den Kontakt der Steine mit der Haut deren Heilkraft übermitteln sollen, werden individuell maß- und handgefertigt. Eine Fundgrube für Freunde und Liebhaber exotischer Steine.

Wer unbeeindruckt von der Fülle der Auslagen einen Blick für die Räumlichkeiten übrig hat, entdeckt Stuckdecken und bunte Bodenfliesen, verzierte Türen und Fenster mit Blumenornamenten, also einen Hauch von Jugendstil trotz des Alters der Villa.

Adresse Bismarckstraße 89, 28203 Bremen-Fesenfeld | ÖPNV Bus 25, 730 und 740, Haltestelle Dobbenweg oder Klinikum-Mitte | Öffnungszeiten Mo–Fr 9–13 und 15–18 Uhr | Tipp Nach wie vor kann man bei Kassiopeia auch von auswärts per Post oder übers Internet bestellen. Häufig findet sich im Paket das Probetütchen einer neu ins Programm genommenen Teesorte.

51 Der Kentaurenbrunnen

»Wenn zwei sich würgen« als neoklassisches Kunstwerk

Seit Lessing sich zur Laokoon-Gruppe geäußert hat, gehörte es zum kaum noch erinnerten klassischen Bildungsgut, dass eine menschliche Skulptur, die als Kunst anerkannt sein wollte, den Schmerz so ausdrücken musste, dass ihr Gesicht nicht durch den Schrei verzerrt dargestellt wurde. Sie hatte eine gefasste Haltung zu bewahren. Allenfalls ein Seufzer war zulässig. Lessing begründet es damit, dass ein Höchstmaß an Expressivität nach mehrmaligem Betrachten des statischen Werks seine Wirkung verliere, weil der Phantasie des Betrachters nichts auszumalen übrig bleibe. Um die Spannung beim Betrachter aufrechtzuerhalten, müsse der Bildhauer einen Augenblick des Geschehens wählen, in dem die Entscheidung im Kampf noch auf der Kippe stehe.

Es gibt in Bremen sicher kaum einen geeigneteren Gegenstand als den Kentaurenbrunnen mit der Darstellung des Kampfes zwischen dem Zwitter aus Mensch und Pferd und einer Schlange, um zu überprüfen, ob der Künstler den Lessing'schen Vorstellungen gerecht werden wollte und wenn ja, inwieweit ihm das gelungen ist. August Sommer (1839–1921), der den Brunnen 1891 schuf, lebte 20 Jahre in Rom und kannte sowohl die Laokoon-Gruppe als auch ihre Bewertung in der aufgeklärten Kunstkritik.

Der Brunnen stand ursprünglich am Anfang von Bismarckstraße und Schwachhauser Heerstraße. Heinrich August Gildemeister, ein Kaufmann, der in Lateinamerika mit Salpeter und Zucker zu seinem Reichtum gekommen war, hatte ihn gestiftet. Ob er mit seinem Geschenk an die Stadt ein Bismarck-Denkmal vor seinem Wohnhaus verhindern oder sich als Kunstkenner ausweisen wollte, ist nicht mehr zu klären. Sommer jedenfalls war ein gefragter Künstler, zumal er den italienischen König zu seinen Kunden zählte. 1958 wurde der Brunnen umgesetzt an seinen heutigen Platz, um die Neustadt mit Kunstwerken aufzuhübschen. Bleibt die Frage: Ist er Kunst und schön zu nennen?

Adresse Grünanlage am Leibnizplatz, 28199 Bremen-Neustadt | **ÖPNV** Bahn 4, 5 und 6, Haltestelle Theater am Leibnizplatz | **Tipp** Zum Vergleich und als Gegensatz in Ausführung und Thema bietet sich eine Skulptur am Buntentorsteinweg/Ecke Kirchweg an. »Die Zigarrenmacher«, deren lebende Vorläufer im Buntentorviertel gewohnt haben, wurden von Holger Voigt bei der Arbeit verewigt.

52 Das KITO

Eine Hütte ohne Kamin?

Die kanadische Sängerin Chloe Charles brachte es bei ihrem Konzert im Rahmen der »JazzAhead! ClubNight« im KITO auf den Punkt: »It's like singing in a cottage. Where's the fireplace?« Das KITO unter dem Dach des Alten Packhauses ist ein Veranstaltungsraum mit einer besonderen Intimität. Das Publikum in der ersten Reihe sitzt knappe zwei Meter vom Podest der Musiker entfernt. Kein Wunder, dass die Ansagen der Künstler gern persönlich geraten. Neben der wechselseitigen Nähe tragen der Holzfußboden und das offene Gebälk zu dieser allseits konstatierten heimeligen Atmosphäre bei. Künstler, die sonst daran gewöhnt sind, in eher cool gestylten Klubs aufzutreten, kommen gern ins KITO, auch wenn sich die Zuschauerzahl notgedrungen in Grenzen hält.

Das Programm aus Jazz, Blues, Folk, Chanson und Klassik ist immer erste Sahne, sodass regelmäßig auch Bremer aus der Innenstadt zu den Musikveranstaltungen nach Bremen-Nord pilgern. Häufig gibt es auch Lesungen und Vorträge. Im Herbst treten im Rahmen der Reihe »Moskito« Kabarettisten und Komödianten auf. Der Name KITO hätte ihre Erfindung sein können. Er ist die Kurzform für das Wort Kistentod. So nannte man eine Firma im Hause, die statt der seinerzeit üblichen Holzkisten Kartons aus Wellpappe als Verpackungsmaterial in Gebrauch brachte.

Das Alte Packhaus selbst ist das älteste in Vegesack und wurde irgendwann nach 1625, also nach dem Hafenausbau in Vegesack, aber vor 1740 erbaut. Ein Portal stammt aus dem Jahr 1740. Um 1753 erhielt es in etwa seine heutige Form. Es diente der Aufbewahrung von im nahen Hafen gelöschten Gütern und verlor mit dem Ausbau Bremerhavens zunehmend diese Funktion. Unter anderem beherbergte es danach eine Spezialbäckerei, in der Backwaren nur für den Schiffsproviant hergestellt werden durften, und die dazu gehörende Dampfmühle. Das denkmalgeschützte Gebäude ist seit 1990 Kulturzentrum.

Adresse Alte Hafenstraße 30, 28757 Bremen-Vegesack | ÖPNV mit dem Zug zum Bahnhof Vegesack, dann 5 Minuten zu Fuß Richtung Utkiek | Tipp Direkt im Bahnhof lädt das »Muddy's« auch mal zu »Open-Mike«-Abenden ein. Daneben im Güterbahnhof zeigt der vom Kulturbüro unterstützte Kulturbahnhof, genannt »Kuba«, sein breit gefächertes Programm einschließlich seiner Projekte für junge Leute.

53 Köksch un Qualm

Ein Nachmittag im Salon von 1907

Am Eingang des roten Klinkerbaus wird man aufgefordert zu klingeln. Hat man es getan, wird es ganz vornehm. Ein soignierter Herr im schwarzen Frack mit Zylinder auf dem Kopf empfängt die erwarteten Gäste, geleitet sie zu Garderobe und Kasse und stellt sich vor als Besitzer des Salons im Untergeschoss. Dort angekommen ist man mit sachkundigen Damen aus dem Haushalt des gepflegten Herrn konfrontiert und mit gestickten Sprüchen, die auf weißer Wäsche ein Loblied auf die Sekundärtugenden einer ordentlichen Haushaltsführung singen. In der Küche (Köksch) wird heute eine Spezialität angeboten: Birnenpudding, der die Form eines Gugelhupfs hat und mit feinsten Schinkenscheiben belegt ist.

»Köksch un Qualm« hat etwas von einem modernen Theaterstück, das auf verschiedenen Ebenen abläuft. Einerseits taucht der Besucher in eine erstellte private Welt vor dem Ersten Weltkrieg ein. Salon, Küche, Nähzimmer und Wäscheschränke wurden mit alltäglichen Utensilien von der Kernseife bis zum Klavier, vom Kühlschrank bis zum Chronometer aus Spenden Bremen-Norder Bürger bestückt und geben einen Einblick in den zivilisatorischen Stand der Dinge um 1907. Andererseits sind die Mimen des Salons reale, heutige Teilnehmer an einer Maßnahme, die der Beschäftigungsträger »bras – arbeiten für bremen« organisiert. Sie tun in der Regel für sie Ungewohntes, aber das mit großem Engagement. So setzt sich der vornehme Herr, als der Kaffee serviert wird, ans Klavier und spielt ein klassisches Stück – vor Publikum.

Das Ganze findet in der umgebauten ehemaligen Zigarrenfabrik Wilkens statt. Im Flur des Erdgeschosses sind zur Geschichte des Hauses Produktionsmittel und Produkte, wie die längst ausgerauchte »Alva« der Goldenen Zwanziger, ausgestellt. Im Haus selbst wird ein Wohnprojekt erprobt, das alle Generationen unter einem Dach zusammenbringt und bei dem sich alle an den Entscheidungen beteiligen.

Adresse Stader Landstraße 46, 28719 Bremen-Burgdamm | **ÖPNV** mit dem Zug bis Bahnhof Bremen-Burg, dann Bus 93 oder 95, Haltestelle Beckers Barg | **Öffnungszeiten** meist Do 14–18 Uhr | **Tipp** Rund einen Kilometer entfernt in westlicher Richtung befindet sich das Ortszentrum von Lesum. Es gehört in seiner Vielfalt mit Kirche, Kirchhof, Läden und Lokalen zu den schönsten in Bremen-Nord.

54 Der Kolonialwarenladen

Einkaufen wie früher zu heutigen Preisen

Was hier zu lesen ist, ist schon Geschichte, aber wie es scheint eine, die eine ersehnte Fortsetzung gefunden hat. Die Gefahr bestand, dass wieder ein Stück gelebter Historie für immer aus dem Stadtbild verschwinden oder in Stücken zu einem Teil der musealen Welt werden würde. Es geht um den letzten weitgehend originalen Kolonialwarenladen in Deutschland, für den nach Zeiten der Ungewissheit ein neuer Betreiber gefunden wurde.

Der Laden am Ostertorsteinweg und sein Gründer Wilhelm Holtorf haben den alten Kaiser Wilhelm noch erlebt, aber der Kaiser nicht notwendigerweise ihn, denn ein Laden wie dieser war einstmals das Normalste von der Welt. Das deutsche Kolonialreich gab es bei seiner Gründung zwar noch nicht, und der Berliner Kongress, der die Einflusssphären der europäischen Großmächte in Afrika festlegte und das Gerangel um diesen Kontinent anheizte, war noch eine Dekade entfernt. Exotisch anmutende Waren aus allen Ecken der von den Europäern beherrschten Welt kamen jedoch längst auf den Ladentisch.

Ein Hauch dieser in Deutschland »Gründerzeit« genannten Ära weht noch heute durch den Verkaufsraum. Die Einrichtung allerdings stammt aus einer Neuausstattung des Ladens im Jahr 1903 und trägt die Handschrift des Jugendstils. Selbst die Fliesen sind original. 100 Jahre nach der Gründung war so ein Laden schon nicht mehr selbstverständlich, weshalb man ihn zum schönsten Tante-Emma-Laden der Bundesrepublik gekürt hat. Passend zur gemäßigt alternativen Klientel des Viertels konnte man hier, um nur ein Beispiel zu nennen, die Zutaten zur Rezeptur des individuell zusammengestellten Müslis einzeln kaufen. Das selbst eingelegte Sauerkraut kam aus dem Fass. Der gemütliche Plausch am Ladentisch war inbegriffen. Was der neue Inhaber aus dem Laden macht, wird mit Interesse verfolgt. Die Aussage steht im denkmalgeschützten Raum, dass es nicht nur Bio sein wird.

Adresse Ostertorsteinweg 6, 28203 Bremen-Ostertor | **ÖPNV** Bahn 2, 3 und 10, Haltestelle Sielwall | **Tipp** Dort, wo der Ostertorsteinweg mit einem breiteren Gehsteig aufwarten kann, ist eine Art städtischer Biergarten direkt an der Lebensader des Viertels, das »Litfass«. Hier wird im Sommer aus dem Lokal heraus Musik gemacht, quasi Straßenmusik.

55 Korsett Friedel

Dessous für ein hübsches Drunter und Drüber

Ein Name wie aus der Zeit gefallen. Als 1904 am Ostertorsteinweg »Korsett Friedel« aufmachte, hatte das Korsett bereits erste Anfeindungen hinter sich. Mit Fischbeinstäben verstärkte Korsetts wurden spätestens Mitte des 19. Jahrhunderts von Medizinern als gesundheitsschädlich verdammt, weil sie ihrer Trägerin eine Stundenglasfigur abrangen. Ein weiterer Aspekt der vor allem männlich geführten Diskussion drehte sich um die Sorge, ob nicht auch die Gebärfähigkeit der eingezwängten Dame des Hauses gefährdet sei. Während die Arbeiterin bestenfalls ein Leinenunterhemd trug, erlaubte das Korsett der Bürgerin nicht einmal die Verrichtung der Hausarbeit. Dafür hatte sie ihre Haushaltshilfen.

Vor dem Ersten Weltkrieg erfasste die Wandervogelbewegung auch Teile der bürgerlichen weiblichen Jugend. Wenn frau durch Wald und Flur zog, wollte sie natürlich nicht durch die korsettbedingte Schnappatmung in ihrer neu entdeckten Lebensfreude behindert werden. »Korsett Friedel« blieb dennoch im Geschäft und behielt auch nach mehreren Besitzerwechseln und kleineren Umzügen innerhalb derselben Straße seinen Namen bei, passte aber im Lauf der Zeiten seine Produktpalette an die wechselnden Moden an. Mit dem Einzug des Rock 'n' Roll war an ein die Bewegungen einschränkendes Mieder sowieso nicht mehr zu denken. Das Korsett, das nie ganz verschwand, wandelte sich zum Fetisch, und ein Tim Curry erotisierte im Kultfilm »Rocky Horror Picture Show« als der provokant laszive Transvestit Dr. Frank-N-Furter seine Fans mit locker geschnürtem Korsett. Oder es diente gelegentlich, getragen wie bei Madonna, als Ausdruck einer selbstbestimmten offensiven Weiblichkeit.

Korsett Friedel blieb all die Jahre am Puls der modischen Entwicklung und ist aus dem Viertel trotz neuer Ladenketten für Dessous nicht wegzudenken. Auf dass seine Kundinnen »sich schöner fühlen«, wie das Motto des Ladens heißt.

Adresse Ostertorsteinweg 73, 28203 Bremen-Ostertor | **ÖPNV** Bahn 2 und 3, Haltestelle Wulwesstraße | **Tipp** Gegenüber im »Engel«, dem man noch ansieht, dass er in die Räumlichkeiten einer Apotheke eingezogen ist, kann man in aller Unschuld auf die neu erworbenen Dessous mit einem hübschen Gläschen Rotwein anstoßen.

56 Kränholm

Kunst und Kulinarisches auf hohem Ufer

Eine bis vor Kurzem existente Großspinnerei in der estnischen Stadt Narva lieferte den Namen für den Landsitz, in den die Tochter des geadelten Textilmagnaten Knoop, Emilie, mit ihrem Ehemann Wilhelm Kulenkampff vor der vorletzten Jahrhundertwende einzog. Das Gebäude befand sich im Bereich der Lesumer Heerstraße und wurde zusammen mit dem von Wilhelm Benque gestalteten Garten beim Ausbau der Bundesstraße 74 beseitigt. Einige Gebäudeteile wurden gerettet und 1971 in der Straße »Auf dem Hohen Ufer«, die den Knoops Park durchquert, in ein neues Ensemble eingebracht.

Im Frühjahr 2013 wurde die Bremer Öffentlichkeit damit überrascht, dass nach neuerlichen Renovierungen und Umgestaltungen ein Kränholm besonderer Art geschaffen wurde. Zunächst wurde an der Straße ein Kunstcafé eröffnet. In seinen Räumen finden wechselnde Ausstellungen statt. Eine zur Straße hin durch das Gebäude abgeschirmte Terrasse lädt zum Kaffeeisieren. Dabei fällt der Blick auf ein weites Rasenareal, auf dem in großen Abständen moderne Skulpturen eindrucksvoll platziert sind. Die befestigten Wege warten auf Flaneure, die sich den Plastiken widmen wollen.

Das Areal wird von einem Restaurant des gehobenen Geschmacks flankiert. Es verfügt über eine noch größere Terrasse, ebenfalls mit Blick auf den Skulpturenpark. Auch hier begegnet man aktueller Kunst im Innern. Am repräsentativen Eingangsportal befinden sich die sehenswert zersplissenen Türpfosten des Ursprungsgebäudes. Einem Engel, der aufgrund seiner Utensilien eher ein kleiner Unhold zu sein scheint, hat es das Gesicht gespalten.

Im Hintergrund des Gesamtareals wurde eine Scheune ausgebaut und umfunktioniert. Hier können Tagungen, Konzerte, Ausstellungen und große Gesellschaften stattfinden. Das neue Kränholm knüpft so an eine Tradition des Kunstgenusses an, die durch den gewandelten Zeitgeist nun der Gesellschaft allgemein offensteht.

Adresse Auf dem Hohen Ufer 35, 28759 Bremen-St. Magnus | ÖPNV mit der Regionalbahn bis Bahnhof Burg, dann Bus 94 und 95, Haltestelle Am Kapellenberg | Öffnungszeiten Di–So 10–23 Uhr | Tipp Vom repräsentativen Landsitz des Herrn Knoop selbst befindet sich in Knoops Park noch der gemauerte Grundriss. In der Nähe steht sein Abbild, mit Gehstock, den Koks in der Hand, bereit zum Spaziergang durch den Park.

57 Die Lehnhof-Siedlung

Ein Schöner-Wohnen-Projekt der frühen 1950er Jahre

Wer an die Zeit nach dem Zweiten Weltkrieg und ihren Wohnungsbau denkt, hat häufig die Bilder von Trümmerfrauen vor Augen, die die Backsteine zerstörter Häuser sammeln und abklopfen, um sie für eine Wiederverwendung brauchbar zu machen. Von solchen Bildern ist die seit 1973 denkmalgeschützte Lehnhof-Siedlung weit entfernt.

Ausgangspunkt der Planungen von Eberhard Gildemeister (1897–1978), einem der renommiertesten Bremer Architekten, war eine an der Grenze zu Niedersachsen gelegene, etwa 16 Hektar große Weide, die an den Rändern alten Baumbestand aufwies. Um diese Weidefläche herum sollten zwischen 1950 und 1960 ursprünglich zehn oder zwölf (heute sind es 14) Wohnhäuser im Auftrag von unterschiedlichen Bauherren errichtet werden, ohne dabei in den ländlichen Charakter der Gegend gravierend einzugreifen. Entstanden sind Gebäude, die einem veredelten norddeutschen Bauern- und Landhausstil mit reetgedeckten Walmdächern verpflichtet sind, wobei jedes einzelne Haus seine eigene markante Note erhalten hat. Allen Gebäuden ist in der Regel ein geschlämmtes Ziegelmauerwerk gemein, dazu meist wuchtig akzentuierte Kamine und filigrane Fenstersprossen. Die Reetdächer sind tief gezogen.

Die malerische Siedlung, die zur gemeinsamen inneren Rasenfläche hin weder von Mauern noch von Zäunen durchzogen wird, gilt als einer der schönsten Wohnparks in Deutschland. Der Abstand von Haus zu Haus ist großzügig bemessen, sodass der individuellen Entfaltung der Bewohner keine engen Grenzen gesetzt sind. Hinter dem Areal nach Norden befindet sich unbebautes Land. Im Osten grenzt es an den mit kleinen Teichen durchsetzten Friedehorstpark an. Im Übrigen befindet sich dort mit einer Höhe von knapp 33 Metern auch der höchste natürliche topografische Punkt des Bremer Stadtgebiets. Nur künstliche Aufhäufungen wie der Müllberg im Blockland mit knapp 50 Metern sind höher.

Adresse Am Lehnhof, 28759 Bremen-Burglesum | ÖPNV Mit der Bahn bis Bahnhof St. Magnus, dann zu Fuß nach Norden, die Lesumer Heerstraße überqueren und in den Eichenhof einbiegen. Am Ende den Fußweg nach links nehmen. | Tipp Im idyllischen Friedehorstpark befindet sich ein Seilgarten, zu dem sich Schulklassen, Firmen, Gruppen und Vereine anmelden können. Ausgebildetes Personal leitet die Mut erfordernden Kletterpartien. Näheres unter www.seilgarten-lesum.de.

58_Lestra

Ein preisgekrönter Supermarkt

Der Supermarkt ist eine Antwort auf eine arbeitende Bevölkerung, die nie Zeit hat und häufig auch noch allein am Herd steht, um einen Single-Haushalt zu bekochen. Im Laden muss deshalb alles übersichtlich angeordnet sein. Das ist es bei Lestra. Dort ist die Schranke die Qual des großen Angebots: Es gibt nicht nur fast nichts, was es nicht gibt, sondern auch von allem mehrere Sorten unterschiedlicher Anbieter, darunter immer die Waren besonderer Qualität.

Wenn man das erste Mal mit dem Auto vorfährt, ist man fast enttäuscht, denn nichts deutet auf einen besonderen Supermarkt hin: Hinter dem Parkplatz mit einem zweiten Parkdeck wartet ein eher sachlich-funktionales Gebäude mit dem 3.000 Quadratmeter großen Geschäft zu ebener Erde. Doch schnell kann man das Lob der Kollegen und Nachbarn über die große Auswahl vorzüglicher Weine, über das appetitliche Angebot an der Fischtheke und über das reichhaltige Wurst- und Käsesortiment nachvollziehen. Die Theken sind immer gut besetzt, sodass Wartezeiten die Ausnahme sind. Auch an der Kasse. Wenn man Hilfe braucht, weil man Berberitzen, japanischen Reisessig oder Quinoa nicht findet, lässt der nächste Mitarbeiter sofort alles stehen und liegen und zeigt dem Kunden mit einem angenehmen Eifer das entsprechende Regal.

Es nimmt einen nicht wunder, dass Lestra mit offiziellen und renommierten Auszeichnungen bedacht wird. Demnach hat es die beste Weinabteilung Deutschlands, eine prämierte Fisch- und Frischetheke und erhielt den Kundenpreis 2012 für das Gemüsesortiment. Man meint zu spüren, dass ständig an der Exzellenz und Effizienz gearbeitet wird. Der besondere Stolz dieses außergewöhnlichen »Super«markts ist die beste Tiefkühlkostabteilung Deutschlands. In praktischen und energiesparenden Doppeletagenkühltruhen werden rund 1.500 Waren des oberen Preissegments, aber auch der Basisversorgung angeboten. Alles also ziemlich cool hier.

Adresse Horner Heerstraße 29–31, 28359 Bremen-Horn-Lehe | **ÖPNV** Bahn 4 und 5, Haltestelle Horner Kirche | **Tipp** Lestra bietet täglich einen vorzüglichen und preiswerten Mittagstisch zum Mitnehmen an und veranstaltet besondere Feinschmeckerabende. Bei der nicht nur als Café beliebten Restauration »Goedeken's« an der Ecke, die 1746 als Bäckerei gegründet wurde, kann man auch kegeln.

59 Die Liebfrauenkirche

Zartes al secco und bunt flammende Fenster

Nach dem Dom ist die Liebfrauenkirche das zweitälteste Gotteshaus Bremens und nach der erzbischöflichen Übergabe der Pfarrechte an sie seine erste Pfarrkirche. Als Sankt-Veit-Kirche zu Beginn des 11. Jahrhunderts aus Stämmen abgeholzter heidnischer »Heiliger Haine« errichtet, erhielt die Kirche um 1100 einen steinernen Turm, der noch heute als der kleinere Südturm erhalten ist. Er wurde im 13. Jahrhundert in das neue, nun Kirche »Unser Lieben Frauen« genannte Gotteshaus integriert. Dieses wurde im frühgotischen Stil aus Stein gebaut.

Fast ebenso alt wie der Südturm ist der in der Kirche zugängliche älteste begehbare Raum Bremens: die Sankt-Veit-Kapelle. Dieses unterirdische Gewölbe wurde ab 1160 zunächst nur als Beinkeller benutzt. In seinem geweihten Boden vergrub man die Gebeine aus aufgelassenen Gräbern. Vor der Reformation diente der Beinkeller als Andachtsraum für eine Allerseelenbruderschaft, die für im Fegefeuer vermutete Gemeindemitglieder betete, aber auch diesseitige Bedürftige mit Speisungen unterstützte. Bei der Restaurierung sind Wandmalereien al secco aus dieser Zeit gefunden und freigelegt worden. Die harmonischen Proportionen der Kapelle lassen sich nur noch erahnen, denn durch das Auffüllen des Raums mit Gebeinen und Erdreich und durch eine gemauerte Säule, die die 1229 in Stein errichtete Kirche zu stützen hatte, wurden sie empfindlich gestört.

Im großen Kirchenraum kann man das Farbenspiel des Lichts, das durch die fein aufeinander abgestimmten Buntglasfenster fällt, auf sich wirken lassen. Von 1966 bis 1979 schuf der gläubige katholische Künstler Alfred Manessier für die im Weltkrieg zerstörten Kirchenfenster 20 neue. Ihre abstrakten Farbkompositionen, die biblische Motive wie das Pfingstwunder sinnlich überhöhen, haben schließlich auch die meisten Kritiker in der protestantischen Gemeinde überzeugt.

Adresse Unser Lieben Frauen Kirchhof, 28195 Bremen-Altstadt | ÖPNV Bahn 2 und 3, Haltestelle Obernstraße, Bahn 4, 5, 6 und 8, Bus 24 und 25, Haltestelle Domsheide | Öffnungszeiten Mo–Sa 11–16, So 11.45–13 Uhr | Tipp Während und außerhalb von Gottesdiensten werden in der Kirche zuweilen Konzerte und Lesungen veranstaltet. An Markttagen findet um die Kirche herum der Blumenmarkt statt.

60 Linie 7

Bouldern am Güterbahnhof

2009 im Dezember war es endlich so weit. Nach rund einem halben Jahr gemeinschaftlicher Arbeit konnte eine große Halle am Güterbahnhof als neuer Sporttreff eingeweiht werden. In die eingebauten stilisierten künstlichen Felsblöcke (englisch: »boulders«) hatte man rund 22.000 Löcher gebohrt. Sie erlauben es, Klettergriffe in immer wieder wechselnden Kombinationen anzuschrauben, sodass mit jeder neuen Schraubung eine Kletterroute mit einer anderen Schwierigkeitsstufe entsteht. Anders als man sich das vom Klettern vorstellt, ist man beim Bouldern nicht durch Seile gesichert, sondern man hängt mit bloßen Fingern und den Füßen in Kletterschuhen an den aufgeschraubten Griffen in der mit Schwierigkeiten gespickten Wand. Allenfalls etwas Magnesiumpulver erhöht die Griffsicherheit. Wer dennoch abstürzt, fällt auf weiche Matten und – eine gewisse körperliche Fitness und Geschicklichkeit vorausgesetzt – tut sich nicht weh.

Bouldern ist ein Glücksfall in der Geschichte der jungen Sportarten. Es erfordert nicht nur Kraft und eine gute Koordination, sondern auch die Fähigkeit, sein eigenes Können einzuschätzen, um planmäßig für die Schwierigkeiten der unterschiedlichen Routen individuelle Lösungen zu finden. Ein Risiko, das man eingeht, wird höchstens mit einem Abflug auf die Matte »bestraft«. Wie in der Natur sind Überhänge und Kamine zu überwinden. Anders als dort ist man in der Halle nicht von der Witterung abhängig. Eine besondere Schwierigkeit stellen frei hängende, unterschiedlich geformte Boulder dar, an denen entlang man sich zur nächsten Wand hangeln muss.

Mittlerweile gibt es auch nationale und internationale Wettbewerbe, die von den Könnern mit hoher Konzentration ausgetragen und von den Besuchern in entspannter Feierlaune begleitet werden. Auch das Schrauben einer Route ist eine Disziplin. Die Kletterer bewerten nach festgelegten Kriterien die Schraubung.

Adresse Linie 7, Beim Handelsmuseum Tor 43, 28195 Bremen-Bahnhofsvorstadt | ÖPNV alle Linien, die zum Hauptbahnhof führen; zu Fuß am Überseemuseum rechts vorbei zum alten Güterbahnhof | Öffnungszeiten täglich 14–22, Di–Do schon ab 10 Uhr | Tipp Auf dem Gelände des alten Güterbahnhofs gibt es Angebote zum afrikanischen Trommeln, Flamenco und in der dortigen »Schaulust« zum Einüben von eigenen Theaterstücken oder dem Zuschauen von Theaterstücken anderer. Eine Kunstgalerie und Ateliers gibt es auch.

61 Der Literaturkeller

Sarah Bernhardt gab auch den Hamlet

O ja, Sarah Bernhardt ist alt geworden. Man sieht es ihr nicht gleich an, aber ist nicht das Schwelgen in großen Erinnerungen ein sicheres Zeichen dafür? Der letzte Mann in ihrem Leben, ein Diener, mehr noch, ein Betreuer, kennt alle ihre Geschichten auswendig. Aber sie kann nicht genug von ihnen bekommen. Warum hat die Mutter die hübschere Schwester immer bevorzugt? Spiel mir die Mutter! Er ist die Spielchen leid, er kann Frauen nicht vernünftig spielen. Ja, aber den Engländern hat sie es gezeigt. Was für ein Triumph, den Hamlet gespielt zu haben. Ihr Filmauftritt als Hamlet flimmert kurz über ihr ausgespanntes weißes Tuch, bevor sie es wegzieht, um wieder in persona ins Rampenlicht zu treten. Und ihre Männer! Wo sind sie geblieben? Und dann der Sturz – mit den bösen Folgen.

Auge in Auge mit Sarah Bernhardt sitzt der Zuschauer im kleinsten Theater Bremens. Jedes bürgerliche Wohnzimmer ist größer. Mehr als 20 Sitzplätze sind nicht vorgesehen. Die Spielstätte ist ein 140 Jahre alter Weinkeller im Herzen des Viertels, der sich in jedwedes intime Interieur verwandeln lässt. Die Dramen sind meist Kammerstücke für ein bis zwei Personen. Gala Z und Benedikt Vermeer erwecken Sarah Bernhardt, Casanova, den Doktor Faust und andere Berühmtheiten der Kulturgeschichte zu einem intensiven Leben. Auch die Details sind gut ausgedacht und fügen sich perfekt ins Bild. Ihre Stücke dauern ungefähr eine Stunde. Keine festen Eintrittspreise, man zahlt, was man kann.

Den beiden großartigen Schauspielern ist mit der Gründung des Literaturkellers 2009 ein Geniestreich gelungen. Sie bringen nicht nur ungewöhnliche Stücke wie »Venus im Pelz« zur Aufführung, sie gestalten auch Lyrikabende. Von Busch bis Poe sind die üblichen Verdächtigen alle dabei: mal humorvoll, mal romantisch, mal satirisch und dann auch gespenstisch und schaurig, wie bei der guten, ewig jungen Droste.

Adresse Schildstraße 21, 28203 Bremen-Ostertor | **ÖPNV** Bahn 2, 3 und 10, Haltestelle Sielwall | **Tipp** Gleich nebenan ist das Kulturzentrum Lagerhaus, das einer pulsierenden »Viertel«-Szene ein Rückgrat gibt. Von der Kneipe bis zum Karneval, vom Poetry Slam bis zum Politgespräch werden alle Facetten der Weltbegegnung und -befassung geboten.

62 Der Lür-Kropp-Hof

Der Tanz der sanftmütigen Bienen

Auf dem Hof des einstigen Anwesens vom seligen Landwirt Lür Kropp drängt sich jeden 1. Mai das Volk, ein Maibaum wird errichtet, und eine Band spielt auf. Es ist so eng, dass an Tanzen nicht zu denken ist. Stattdessen wird gespeist und gepichelt, und manches Knie wippt mit im Takt. Die Kinder klettern an einem künstlichen Felsen herum oder hüpfen in der Hüpfburg. Der Tanz findet woanders statt. Hinter dem reetgedeckten Fachwerkbauernhaus aus vorindustriellen Zeiten und auch hinter dem Hochzeitshaus aus dem Jahr 2000. Im Flett des Bauernhauses finden an anderen Tagen Lesungen, Vorträge und Musikveranstaltungen statt. Im Hochzeitshaus ebenso. Hier ist der Clou jedoch die standesamtliche Trauung mit anschließender Feier. Rund 300 Paare geben sich in dem neuen, in abgewandelt traditioneller Form errichteten Pavillon jährlich das Jawort. Am 1. Mai tanzen diesmal nur die Bienen.

Im hintersten Bereich des Anwesens ist ein Lehr- und Schaubienenstand mit einem Bienenspeicher eingerichtet. Letzterer enthält Sammelstücke und wertvolle Abhandlungen zur Imkerei. Bevor man ihn erreicht, passiert man Bunte Bentheimer Schweine, die aus dem Bürgerpark stammen. Am Weg stehen Bildtafeln, die Auskunft geben über Baum und Tier. Für Frühaufsteher ist ein Plakat angeschlagen, dem sie entnehmen können, wann beispielsweise der Gartenrotschwanz mit seinem Gesang loslegt. Dazu nur so viel: sehr früh!

Am Lehrstand begrüßt den Besucher ein hölzerner Roland, dessen Innenleben vor Bienen summt. An Schaukästen erhält man Einblick in das bewegte Arbeitsleben fleißiger Bienen. Sie tanzen nicht zum Vergnügen, sondern um ihren Kolleginnen pantomimisch wie in einer Scharade mitzuteilen, wo der goldene Nektar zu finden ist. Von Mai bis August kann man an jedem zweiten Sonntag das Wissen über die sanften Honigproduzenten fachkundig betreut einholen. Auch wie gefährdet unsere Bienen sind.

Adresse Rockwinkeler Landstraße 5, 28355 Bremen-Oberneuland | ÖPNV mit dem Zug zum Bahnhof Oberneuland, dann wenige Minuten zu Fuß zur Bahnschranke Richtung Bremen | Tipp Wer eine kompetente und anschauliche Einführung in die Imkerei und das Wissen über die Bedeutung der Bienen für die Umwelt erhalten möchte, kann sich unter www.bremer-imker.de/Lehrbienenstand nach Terminen erkundigen. Wenn man sonntags in der Gegend ist, kann man sich noch die nahe gelegene Oberneuländer Mühle angucken. Ab Windstärke 5 drehen sich die Flügel.

63 Marie II

Was gleitet so still durch Park und Fleet

In Entenkreisen hat sich herumgesprochen, dass ein neuer flügellahmer Wasservogel die Fleete durchpflügt. Man spricht davon, dass er mindestens zwei Dutzend Entenbäuche lang sein und einen unbeweglichen Bürzel haben soll. Schnattern hat ihn noch keiner gehört, dafür umso mehr seine Gäste. Was die Enten nicht wissen, obwohl der Name dransteht, ist, dass er eine Sie ist, weil Schiffe und Boote bei den Menschen so gut wie immer weiblich sind. Aber beim Lesen sind die Enten noch nicht so weit. Sonst würden sie den Weser-Kurier abonnieren und wüssten, dass diese Marie nicht das erste Boot ist, das durch den Bürgerpark gleitet. Bürger mögen einfach nicht immer auf den Gehwegen bleiben. Sie wollen auch mal eine andere Perspektive auf ihren Park genießen. Vermutlich haben sie den ganzen Zauber mit den Fleeten und Teichen im Park sowieso nur gemacht, damit sie darauf rumschippern können. Die Wasserstraße rund um den Park zu den Stationen Meierei, Emmasee, Tiergehege und Waldbühne wirkt durchaus wie geplant.

In der Tat gab es bereits 1893 ein erstes Boot mit dem etwas nüchternen Namen »Meierei«. Vermutlich hat der Name nichts mit der damals in Deutschland üblichen Vereinsmeierei zu tun, wiewohl der Bürgerpark von Anfang an vom Bürgerparkverein unterhalten wurde. Der Erfolg der »Meierei« war so überzeugend, dass 1913 die erste »Marie« hinzugezogen wurde, um möglichst vielen die Lust am Rumpütschern zu ermöglichen. Im Zweiten Weltkrieg gingen beide Boote verloren und für lange Zeit wohl auch das Interesse an den Fahrten.

Als die neue »Marie« ins Gespräch kam, gab es sofort Bedenken, ob das Boot nicht eine Störung der Parkruhe bedeuten könnte. Einige hatten sich im Geiste schon auf einen knatternden Dieselstinker eingestellt. Die »Marie II« ist aber ein ruhiges, von einem schwachen Elektromotor betriebenes Boot. Die Enten wundern sich, dass es überhaupt so schön vorankommt.

Adresse Bürgerpark, 28195 Bremen-Findorff; Zustieg an den genannten Stationen | ÖPNV Bahn 8, Haltestelle Crüsemannallee, zu Fuß nach Westen in den Park | Öffnungszeiten Fr–So ab 11 Uhr fährt das Boot viermal eine eineinhalbstündige Runde | Tipp Am Emmasee im Park kann man ein Boot ausleihen und die Strecke der »Marie« mittels eigener Muskelkraft abrudern. An den Engpässen tutet die »Marie« und hat Vorfahrt.

64_Das Moments

Jazz und mehr im Viertel

Wenn ein Zeitreisender, der an der Bremer Uni in ihren und seinen frühen Jahren studiert hat, auf der Suche nach der verlorenen Jugend durchs Steintorviertel schlendert und in vage gewordenen Erinnerungen kramt, wird er dem einstigen Schrecken aller Eltern, dem verräucherten und mutmaßlich drogenverseuchten »Why not« vergebens nachspüren. Und das ist gut so. Denn an seiner Stelle funkelt der facettenreich geschliffene Diamant eines feinen Jazztreffs mit einem vielgestaltigen Programm: das »Moments«.

Einerseits bietet das Moments vorzüglichen lokalen Bands wie »Miss Groovanova«, »Triosence« oder »Mellow Melange« die Gelegenheit, die Musik ihrer neuen CDs live dem Bremer Publikum vorzuspielen. Andererseits holt es bezaubernde Highlights aus der kanadischen und US-amerikanischen Musikszene in die Stadt – und nicht nur von dort. Bei »Women in (E)motion«, einem jährlich stattfindenden Festival, kommt das Moments als einer seiner begehrten Spielorte gehörig ins Träumen und oft auch ins Schwitzen.

Es lohnt sich durchaus, zu den Konzerten etwas eher zu kommen. Der elegant illuminierte, lang gezogene Barbereich mit einer 15 Meter langen Theke macht die »Happy Hour« zu einem locker flockigen Fest fürs Leben. Der eigentliche Konzertbereich ist fast quadratisch und setzt die entspannte, intime Baratmosphäre fort. Wenn keine Live-Auftritte stattfinden, werden hier von DJs angeheizte Partys gefeiert. Oft mit Latinoklängen. Dazu gibt es jeden Monat eine »Why-not-Revival-Party«. Es gibt aber auch beliebte Ü-40-Sessions, bei denen sich eine späte Jugend vehement einer vergangenen und unvergessenen Aufbruchstimmung hingibt.

Weil Schwule und Lesben bekanntlich am besten feiern können, findet im Moments einmal im Monat eine neonstrahlende Gay-Party statt. Die Teilnehmer sind dann aufgefordert, sich in ein bestimmtes Outfit zu werfen, und ab geht die Luzie, wer auch immer das ist.

Adresse Vor dem Steintor 65, 28203 Bremen-Steintor | ÖPNV Bahn 2, 3 und 10, Haltestelle Brunnenstraße | Tipp Ein weiteres Relikt aus studentenbewegten Tagen ist die »Lila Eule« in der Bernhardstraße 10, 28203 Bremen-Ostertor, keine zehn Minuten Fußweg entfernt. Neben Live-Auftritten von Bands unterschiedlicher Musiktrends legen DJs ihre Mucke den Tanzenden auf.

65 Die Mühle am Wall

Der vierfach geflügelte Galerieholländer

Obwohl die Befestigungsanlagen der Stadt im 17. Jahrhundert ihren letzten großen Ausbau erfuhren und im Krieg von 1666 den schwedischen Truppen standhielten, war es gegen Ende jenes Jahrhunderts üblich geworden, auf den Wällen und Bastionen Windmühlen aufzustellen, als sei der ewige Friede ausgebrochen. Insgesamt waren es zwölf Mühlen.

Unklar ist, ob auf der Gießhausbastion – dem heutigen Standort der Mühle – bereits 1699 eine Bockwindmühle stand und die Zeiten überdauerte oder erst ab 1815. Sicher ist, dass 1832 die dortige Mühle abbrannte und im Jahr darauf ein Galerieholländer errichtet wurde. Diese Mühle heißt so, weil man bei ihrer großen Höhe einen umlaufenden Balkon, die Galerie, braucht, um ihren Betrieb zu gewährleisten. Die vier Flügel mit einem Durchmesser von 24 Metern werden allerdings durch die Windrose selbsttätig in den Wind gestellt. Die Flügel haben jalousieähnliche Lamellen und sind mit Bremsklappen ausgestattet, damit die Drehgeschwindigkeit reguliert werden kann.

Die um 1890 in den Besitz der Stadt gelangte Mühle brannte 1898 ab. Obwohl diese Mühlenart vom technischen Fortschritt in der Form von Dampfmühlen überholt war, beschloss der Rat der Stadt, sie in der ursprünglichen Gestalt wiederaufzubauen. Man hatte seinerzeit ein feines Gespür für das durch die Mühle geprägte Stadtbild. Erstaunlich ist, dass sie bis in die Mitte des 20. Jahrhunderts hinein in Betrieb blieb. Der letzte Kunde war die Müllabfuhr, die gelegentlich Hafer für ihre Pferde mahlen ließ. Die letzte Renovierung wurde 2013 abgeschlossen. Drei Steinmahlgänge sind intakt. Der Mahlbetrieb könnte also jederzeit wiederaufgenommen werden. In den beiden unteren Stockwerken wird jetzt schon ständig gemahlen, aber es ist der Kaffee für die Gäste des Terrassenlokals »Kaffeemühle«. Unter gelben Sonnenschirmen genießt man gehobene Gastlichkeit und einen tollen Ausblick auf den Park.

Adresse Am Wall 212, 28195 Bremen-Altstadt | **ÖPNV** Bahn 4, 5, 6 und 8, Haltestelle Herdentor | **Tipp** Wer außerhalb des Mühlentags die Mühle besichtigen will, muss sich an Franz Schnelle unter Muehlen.Franz@t-online.de wenden.

66_Das Odyssee-Projekt

»Greif in die Fülle, Göttin, Tochter des Zeus …«

Fast möchte man blassgelb vor Neid werden angesichts eines so gut ausgedachten und fein umgesetzten Projekts wie diesem. Da wäre man gerne dabei gewesen. Ein Professor der Schönen Künste fährt mit seinen Studenten nach Italien in die Marmorsteinbrüche von Carrara, und jeder von ihnen, auch Professor Bernd Altenstein, nimmt sich eine Passage aus der Odyssee vor und bearbeitet sie im reinen weißen Marmor der seit der Antike genutzten Steinbrüche. Die Ergebnisse ihrer Arbeit zieren das Weserufer gleich neben dem Liegeplatz des Segelschulschiffes »Deutschland« (siehe Seite 50).

Die niveauvolle Aufbereitung informiert kurz über das Projekt, und neben jedem Relief ist die Zitatstelle in der Voss'schen Übersetzung aus dem altgriechischen Epos angeführt. Das Schöne an dem Ganzen ist der Zusammenklang der kohärenten äußeren Form mit den individuellen Umsetzungen der Textstellen, sodass ein Kaleidoskop unterschiedlicher Kunstauffassungen im offensichtlich vorgegebenen Rahmen der Marmormedaillons aufscheint. Durch die Beteiligung des Professors selbst kann man auch ablesen, wie es um die Fertigkeiten der Schüler im Vergleich zu ihrem akademischen Meister bestellt ist.

Das Thema »Odyssee« passt insofern, als das Projekt unweit der Stelle angesiedelt ist, wo in der Vergangenheit jährlich große Fischfangflotten aufbrachen, um die Nordmeere bei Sturm und Wogen nach Heringen und Walen abzusuchen. Die Odyssee ist zwar kein Epos auf den Fischfang, aber sie ist eine spannungsreiche Seefahrergeschichte, in der neben dem wundersamen Seemannsgarn die Befürchtungen des Protagonisten, was er bei seiner Rückkehr nach zwei Jahrzehnten Abwesenheit zu Hause vorfinden wird, sorgenvoll reflektiert werden, besonders in Bezug auf seine Gattin Penelope und seinen Sohn Telemachos. Ähnlich wird es den Vegesacker Seeleuten im Stillen gegangen sein, wenn sie nach entbehrungsreichen Wochen weseraufwärts ihrer Heimstatt näher kamen.

Adresse Kantjespad, 28759 Bremen-Vegesack | **ÖPNV** mit der Bahn zum Bahnhof Vegesack, dann zu Fuß weserwärts | **Tipp** Man könnte das Projekt zum Anlass nehmen, die Odyssee zu lesen. Nicht unbedingt in der alten Übersetzung von Heinrich Voss, aber doch in der neueren von Anton Weiher. Diese ist in lesbaren Hexametern abgefasst.

67_Das Olbers-Planetarium

Der Sternenhimmel in eine Kuppel gebannt

Als reales Naturerlebnis gilt, wenn sich einer des Nachts – in unserem Fall nüchtern – in die Wallanlagen legt und in den Himmel schaut. Dieses Erlebnis hat den kleinen Pferdefuß, dass er nur wenige Sterne sieht, nicht weil Bremen angeblich immer wolkenverhangen ist, sondern weil selbst in klaren Nächten das Eigenlicht der norddeutschen Metropole den Sterngucker im Park in seiner Sicht auf ferne Galaxien beeinträchtigt. Ein virtuelles Naturerlebnis verschafft der Besuch im Olbers-Planetarium. Hier wird der nächtliche Sternenhimmel in eine Kuppel mit sechs Metern im Durchmesser projiziert, und plötzlich erkennt unser Sterngucker eine Fülle von Himmelskörpern, die er dort nicht vermutet hätte. Damit die Umgewöhnung nicht zu drastisch ausfällt, kann man das Eigenlicht der Stadt simulieren und dazuschalten, und schon sind wie im Park nur noch wenige Sterne zu erkennen.

Das Planetarium wurde ursprünglich 1952 für Studenten der Nautik eingerichtet, der Besuch von Privatpersonen war eher selten. Schüler kamen schon öfter. Mittlerweile besuchen es am Vormittag regelmäßig Schulklassen und am Nachmittag und am Abend weitere Interessierte. Insgesamt machen sich jährlich über 23.000 Besucher mit dem Sternenhimmel vertraut. 1958 zog man in die heutigen Räume ein. Seit 1979 ist der ZKP 2 (Zeiss-Klein-Projektor) in Gebrauch. Dieses optische Gerät ist noch analog. Mittlerweile wurden Zusatzprojektoren, Videobeamer und andere AV-Medien integriert, darunter eine 12-Kanal-Lichtanlage.

Namensgeber des Planetariums ist Heinrich Wilhelm Matthias Olbers (1758–1840), ein Bremer Astronom, der die Planetoiden Pallas und Vesta und sechs Kometen entdeckte. Tagsüber arbeitete er als Arzt, in der Nacht widmete er sich seiner Sternenbeschau. Auf ihn geht das Olberssche Paradoxon zurück mit der schlicht erscheinenden Frage: Warum ist es in der Nacht trotz der Myriaden von Sternen so finster?

Adresse Hochschule Bremen, Werderstraße 73, 28199 Bremen-Neustadt, Veranstaltungen im Internet unter www.planetarium.hs-bremen.de | **ÖPNV** Bahn 4, 5, 6 und 8, Haltestelle Wilhelm-Kaisen-Brücke | **Tipp** In den Wallanlagen in der Nähe des Polizeihauses steht ein Olbers-Denkmal. Dem zweiten bekannten Bremer Astronomen und Olbers-Freund, Friedrich Wilhelm Bessel (1784–1846), ist eine moderne Skulptur auf dem Hanseatenhof gewidmet.

68 Das Overbeck-Museum

Verliebt in ein Bild von einem Mann

Es gibt die Geschichte von einem Bremer Trompeter, der in seiner frühen Jugend die »Mädchen vom Immenhof« gesehen hat und daraufhin unbedingt Musiker werden wollte, weil er dem auf der Klarinette gespielten »Petite Fleur« eine magische Wirkung auf Mädchen unterstellte. Im Film waren natürlich die Mädchen sofort am Klarinettenspieler interessiert. Bei Fritz Overbeck verhielt es sich etwas anders und wohl nicht ganz so absichtsvoll. Obwohl, bei Künstlern … Fritz Overbeck (1869–1909) gehörte zu den frühen und bald deutschlandweit bekannten Malern der Künstlerkolonie in Worpswede. Er hatte sich dem Ruf Otto Modersohns folgend in der Landschaft am Teufelsmoor angesiedelt und begonnen, abseits der Akademietradition in der freien Natur zu malen.

Eine Malerin, die an der Damenakademie des Künstlerinnenvereins in München Landschaftsmalerei studiert hatte, sah in einer Münchner Ausstellung ein Bild jenes Fritz Overbeck und war so von ihm, zunächst dem Bild, begeistert, dass sie seine Schülerin werden wollte. Hermine Rohte – so hieß die Dame – kam nach Worpswede und wurde innerhalb kürzester Zeit seine Frau und Kollegin. 1905, als den Overbecks der Trubel um die Künstler in Worpswede zu groß wurde, zogen sie in die Nähe von Vegesack. Bald darauf starb der Maler ganz überraschend. Hermine Overbeck-Rohte führte ihr eigenes malerisches Schaffen nun verstärkt fort.

Im Alten Packhaus unter dem KITO beherbergen zwei Stockwerke das Overbeck-Museum, dessen Ausstellungen mit viel Gespür für die regionale Kunst in Szene gesetzt werden. Die ständige Ausstellung ist den oben genannten Künstlern gewidmet. Wobei das nicht ganz stimmt, denn der Fundus der beiden Maler ist so umfangreich, dass auch der große Saal »ständig« neu gestaltet wird. Einigen Bildern sind Rilke-Gedichte oder auf die Gegend bezogene Texte beigegeben. Sie machen die Ausstellungen zu einem Gesamtkunstwerk.

Adresse Alte Hafenstraße 30, 28757 Bremen-Vegesack | **ÖPNV** mit dem Zug zum Bahnhof Vegesack, dann fünf Minuten zu Fuß Richtung Utkiek | **Öffnungszeiten** Di–So 11–18 Uhr | **Tipp** Man könnte sich im kleinen Museumsladen eine Postkarte oder einen Bildband kaufen und einmal selbst versuchen, so zu malen wie die Worpsweder Künstler. Für das Gelingen gibt es keine Garantie, aber ein Gefühl für die Landschaft könnte sich schon entwickeln.

69_Das Paradice

Eislaufen mit und ohne Pinguin

Wenn der frostklirrende Winter die Bremer im Stich lässt, was eher die Regel als die Ausnahme ist, und die Gewässer der Stadt einfach nicht zufrieren wollen, geht man zum Schlittschuhlaufen ins Paradice im Stadtteil Walle. Von Mitte September bis Ende März sind seine Pforten für Eisläufer täglich, meist bis 18 Uhr, geöffnet. An Werktagen muss man vormittags mit Schulklassen rechnen, nachmittags und feiertags mit einer bunten Mischung aus allen Generationen.

Die Halle verfügt über zwei voneinander abgetrennte Bereiche mit jeweils einer Eisfläche von 60 Metern Länge und 30 Metern Breite, was Spielfelder von jeweils 1.800 Quadratmetern ergibt. Die Maße entsprechen der Größe, die die Regeln des internationalen Eishockeyverbands vorschreiben. Die erste der Hallen bietet rund 700 Zuschauern auf Schalensitzen aus Kunststoff Platz. In dieser Halle empfangen die Weserstars des Bremer Eishockey Clubs ihre Kontrahenten aus der Regionalliga. Während der regulären Öffnungszeiten ziehen in dieser Halle die Freizeitläufer ihre Bahnen. An Tagen mit großem Andrang wird auch die zweite Halle, die in der Regel als Trainingsstätte dient, der Öffentlichkeit zur Verfügung gestellt.

In der Halle gibt es einen gut sortierten Schlittschuhverleih, sodass man nur mit warmer Kleidung vorgesorgt haben muss. Bei Bedarf kann man die Kanten der mitgebrachten eigenen Schlittschuhe nachschleifen lassen. Wer mit kleinen Kindern kommt, die sich noch unsicher auf dem Eis bewegen, kann als Laufhilfe einen Pinguin ausleihen, der die Kleinen dabei unterstützt, das Gleichgewicht zu halten. Neben dem schlichten Eislaufen gibt es im Paradice regelmäßig Sonderveranstaltungen wie die Disco-Nacht am Samstagabend oder die Kinderdisco am Freitagnachmittag. Für den kleinen Hunger bietet ein Bistro in der Halle eine Kost an, die vor allem den Geschmack der Fast-Food-Generation anspricht.

Adresse Waller Heerstraße 293a, 28219 Bremen-Walle | **ÖPNV** Bahn 2 und 10, Haltestelle Waller Friedhof | **Tipp** Wer nach dem Eislaufen in der kalten Eishalle noch Energie hat oder sich verwöhnen will, bringt sein Schwimmzeug mit, denn an der Halle befindet sich das Westbad mit beheizten Innen- und Außenschwimmbecken.

70 Der Park links der Weser

Radeln und skaten an den Ufern der Ochtum

Bremen hat einen zweiten größeren Bürgerpark. Aber der darf so nicht heißen, weil der Bürgerparkverein vom ersten Bürgerpark etwas dagegen hatte. So heißt er einfach »Park links der Weser«. Wie der Bürgerpark steht auch er unter der Ägide eines privat organisierten Vereins. Beide Vereine arbeiten übrigens nach den anfänglichen Irritationen einvernehmlich zusammen.

Als bekannt wurde, dass an der Grollander Ochtum eine Autobahn und andere verkehrstechnische Maßnahmen geplant waren, gründete 1976 eine Handvoll Anrainer einen Verein, um sich zu wehren. Ihnen kam der Umstand zu Hilfe, dass die Benutzung der längeren Start- und Landebahn des Flughafens aus Sicherheitsgründen eine Verlegung der Ochtum notwendig machte. Unterstützt von vielen Aktivisten drangen sie darauf, die Verlegung zu nutzen, um einen Landschaftspark zu schaffen.

Die Politik war erst 1984 überzeugt. Über fünf Kilometer der alten Ochtum hinter dem Flughafen wurden von 1988 bis 1990 nach Westen verschoben und eine Flussaue gestaltet, die natürlicher wirkt als die Natur. Die ehrgeizige Renaturierung sah nur einheimische Pflanzen vor, um auch der angestammten Fauna das ursprüngliche Ambiente zu verschaffen. Vereinzelt wurden Streuobstwiesen mit selten gewordenen Obstsorten angelegt. Auf den neu geschaffenen Inseln und dem umliegenden Geestland wurden 17.000 Bäume gepflanzt. 5.000 Quadratmeter Röhricht hat man von der alten an die neue Ochtum versetzt.

Auf den Deichen wurden Asphaltwege angelegt, die sich gut zum Skaten eignen. Mehrfach kann man den Wasserlauf auf Holzbrücken queren. Ihr Boden ist geriffelt und massiert beim Darüberrollen die Sohlen. Abseits der Deiche ist man mit dem Fahrrad besser bedient. Für Ornithologen ist die Aue eine Fundgrube. Mit den Jahren haben sie eine technisch interessierte Verwandtschaft bekommen. Sie sitzt in der Flugschneise und beobachtet Metallvögel.

Adresse zwischen dem Wardamm und Stuhr westlich des Flughafens | ÖPNV Bahn 1 und 8, Bus 52, Haltestelle Norderländer Straße oder Roland-Center, der Park liegt zwischen beiden Haltestellen | Tipp Am Ende einer Ochtumrundtour könnte man im »Storchennest« an der Warturmer Heerstraße 153 einkehren, falls das 1577 erbaute Haus wieder einen Wirt hat. Alternativ käme der »Gartenzwerg« am Reedeich mit seinen selbst gebackenen Kuchen in Frage.

71_Das Paula Modersohn-Becker Museum

Zwei Weltpremieren

Die Gemälde der Paula Modersohn-Becker haben zunächst nicht den uneingeschränkten Beifall ihrer Zeitgenossen gefunden. Der damalige »Kunstpapst« Bremens, Arthur Fitger, selbst Maler, hat über sie in seinen Rezensionen in der »Weser-Zeitung« seine Abneigung deutlich zum Ausdruck gebracht. Selbst ihr Mann Otto Modersohn meinte, sie übertreibe in ihrer Auflehnung gegen alles Konventionelle und male extra »hölzern«. Andere Kritiker vermissten in ihren Gemälden das gewisse Pathos, das hohe Kunst als solche erweise. Ludwig Roselius hingegen, der die Böttcherstraße für seine Zwecke neu erfunden hatte, widmete der Malerin das erste ausschließlich einer Künstlerin gestiftete Museum der Welt. Das Haus, in dem er ihre Werke ausstellte, nannte er abweichend von ihrem bürgerlichen Namen Paula-Becker-Modersohn-Haus, wohl um ihre Eigenständigkeit als künstlerische Persönlichkeit hervorzuheben.

Das dennoch auf Paula Modersohn-Becker getaufte Museum zeigt ihre Werke in einer ständigen Ausstellung. Ein im Fokus stehendes Werk ist das wohl erste Aktselbstbildnis einer Künstlerin in der Kunstgeschichte. Das Besondere ist aber nicht so sehr dieser Sachverhalt, sondern die fast schon provokant unprätentiöse, uneitle, ja arglose Darstellung ihrer selbst. Schlicht, natürlich und ohne Überhöhung und Stilisierung der eigenen Körperlichkeit blickt uns eine Schwangere an. Ihren wachen Blick hält auch die ebenfalls ausgestellte und von Clara Westhoff geschaffene Kopfplastik aus dem Jahr 1899 in einem markant geschnittenen Gesicht fest.

Das Museum erfreut mit Sonderausstellungen, die mit Vorliebe und oft mit einer köstlichen Portion Ironie weibliche Sichtweisen auf die Gesellschaft und deren Rollenerwartungen präsentieren. Entgegen allen männlichen Vorurteilen können Frauen sehr wohl Humor.

Adresse Böttcherstraße 6–10, 28195 Bremen-Altstadt | **ÖPNV** Bahn 2, 3, 4, 5, 6 und 8, Bus 24 und 25, Haltestelle Domsheide | **Öffnungszeiten** Di–So 11–18 Uhr | **Tipp** Wer an einem schönen Sonnentag nicht ins Museum gehen möchte, kann dennoch einen Abguss der Westhoff'schen Kopfplastik von Paula Modersohn-Becker anschauen: am Weg entlang des Teichs in den Anlagen hinter dem Café der Kunsthalle.

72 Das Alte Pumpwerk

Musik über verebbten Abwässern

Es ist nur Platz für rund 100 Zuschauer. Hinter der kleinen Tribüne ragen elf wassergefüllte Glasröhren bis fast unter die Decke. In ihnen wirbeln Luftbläschen nach oben. An perlenden Champagner denken dabei vermutlich die wenigsten. Der Blick der Zuschauer fällt auf vier schwarz glänzende, die restliche Halle füllende Ungetüme. Es sind die Abwasserpumpen, die bis 1994 mitgeholfen haben, die Stadtteile rechts der Weser von ihren Abwässern zu befreien. Dann beginnt »Le nozze di Figaro«. Der Raum wird in ein bläuliches Licht getaucht. Phantasie ist Trumpf. Die Pumpen werden Teil eines Gartens, in dem es sich herrlich verstecken lässt, um andere zu belauschen. Die hautnahe Aufführung der konzertant vorgetragenen Oper und die Akustik der Halle begeistern Zuschauer und Akteure gleichermaßen.

Der ungewöhnliche Rahmen für die angedeutete Aufführung wäre vermutlich nach der Schließung des Pumpwerks sang- und klanglos abgewrackt worden, wenn einige Mitarbeiter das nicht als eine traurige Schande empfunden hätten. 27 von ihnen gründeten 1997 einen Verein und überzeugten ihren ehemaligen Arbeitgeber und andere maßgebliche Stellen von der Notwendigkeit, dieses beeindruckende Industriemonument zu erhalten und in eine Nutzung zu überführen, die in der Öffentlichkeit Anklang findet.

Neben der Halle selbst ist auch Unterirdisches vorzeigbar konserviert. Man kann einen zu Demonstrationszwecken frisch ausgemauerten Kanal begehen, dessen Durchmesser einen eiförmigen Querschnitt aufweist. Der Pumpensumpf kann besichtigt werden, und man sieht die riesigen Ansaugrohre, die zu den Pumpen in der Halle darüber führen. Neben reich bebilderten und medial aufgearbeiteten Themenkomplexen zur Abwassertechnologie werden wesentliche Ausrüstungsgegenstände vorgestellt, darunter auch ein Schlauchboot, mit dem man früher durch die breiteren Kanäle im Untergrund schipperte. Durch Bremens »cloacae maximae«.

Adresse Salzburger Straße 12, 28219 Bremen-Findorff | ÖPNV Bus 26, Haltestelle Fürther Straße, zu Fuß Richtung Utbremer Kreisel gehen, vorher in die Kissinger Straße einbiegen und der Salzburger durch die Unterführung folgen | Tipp Vor jeder Kulturveranstaltung im Pumpwerk kann man an einem kurzen Rundgang (20 bis 30 Minuten) teilnehmen. Wenn dieser ein größeres Interesse weckt, können sich Gruppen für eine ausführliche Führung (circa zwei Stunden) anmelden. Siehe auch www.altespumpwerk.de. Geöffnet ansonsten jeden 1. Montag im Monat von 16–19 Uhr.

73 Der Ratskeller

Wohlsein beim Wein

Es gibt in Bremen wohl keinen öffentlichen Ort, der für eine lückenlose Tradition der bürgerlichen Gastlichkeit besser einstehen könnte als der Ratskeller; und das seit rund 600 Jahren. Sein Schatz an deutschen Weinen gilt als der größte in der Welt. Die Position seines Kellermeisters erfordert einen erfahrenen Weinkenner, denn es genügt nicht, dass ein Wein von ausgezeichneter Qualität ist. Er muss auch nach Jahren noch munden: so wie einige Weine aus den vergangenen Jahrzehnten, die noch immer trink-, wenn auch nicht ganz so locker bezahlbar sind.

Wenn man an der Westseite die 19 Stufen hinuntergeht, gelangt man in die Alte Halle, die jedermann zugänglich ist und die bereits das besondere Flair der Lokalität verbreitet: Man tafelt neben riesigen Fässern, deren älteste bald 400 Jahre alt werden, und darf sich entgegen sonst üblichen Gepflogenheiten nach altfränkischem Brauch dazusetzen. Entgegen dem gängigen Vorurteil über zugeknöpfte Bremer kommen hier wildfremde Menschen unter freundlicher Mitwirkung erlesenen Weines durchaus in locker dahinrauschende Gesprächskaskaden.

An der Marktseite fallen an Separees erinnernde Kabinen, sogenannte Priölken, auf. Die Ratskellersittsamkeit besteht darauf, dass die Türen dieser zum intimen Gespräch einladenden Kabäuschen nur geschlossen werden dürfen, wenn sich dort mehr als zwei Personen aufhalten. Dieses Prinzip wird heutige Verliebte kaum am Turteln hindern. Die übrigen Räumlichkeiten – es gibt ein unterirdisches Labyrinth von Kellern, Kammern und Sälen – kann man bei besonderen Anlässen oder einer Führung entdecken. Sehenswert sind beispielsweise die 1927 von Max Slevogt gemalten Fresken, die von Hauffs »Phantasien im Bremer Ratskeller« inspiriert sind. Darunter eine herzhafte Szene mit den Stadtmusikanten. Oder im Bacchuskeller die weinseligen Orgien vom Maler und Schauspieler Karl Dannemann.

Adresse Am Markt, 28195 Bremen-Altstadt | **ÖPNV** Bahn 2 und 3, Haltestelle Obernstraße, Bahn 4, 5, 6 und 8, Bus 24 und 25, Haltestelle Domsheide | **Tipp** Regelmäßig finden im Ratskeller Sonderveranstaltungen (Konzerte, Krimi- und Dracula-Essen) statt, aber auch Kellerführungen mit Wein- und Schokoladenverkostungen. Aber hüten Sie Ihre Zunge: Einer der Säle hat eine Flüsterecke.

74 Das Reiterstandbild

Des Kaisers römische Kleidung

Friedrich III. ging in die Geschichte als 99-Tage-Kaiser ein. Im Dreikaiserjahr 1888 folgte er seinem Vater, Wilhelm I., nach drei Monaten ins Grab. Da er bei der Ernennung zum Kaiser unheilbar an Kehlkopfkrebs erkrankt war, blieb sein Wirken als Herrscher begrenzt, aber seine Wirkung auf die Zeitgenossen geriet umso nachhaltiger.

Aus den vorsichtigen Verlautbarungen, die Friedrich als Kronprinz von sich gegeben hatte, ersannen sich bürgerliche Kreise in Deutschland einen wegen seines frühzeitigen Todes verhinderten liberalen Gesinnungsgenossen, der an höchster Stelle einer wirklichen Demokratie den Weg gebahnt haben würde. Das ist Spekulation und wohl eher Wunschdenken. Auch Franz Schütte, einer der erfolgreichsten Bremer Magnaten und Mäzene dieser Zeit, muss sich Friedrich auf solche Weise zurechtgewünscht haben, denn er beantragte 1902 beim Bremer Senat die Genehmigung zur Aufstellung eines Standbildes mit ebendiesem Kaiser.

Die Genehmigung wurde erteilt, und der Berliner Künstler Louis Tuaillon schuf die 4,50 Meter aufragende, selbst tragende Bronzehohlplastik, die auf einem drei Meter hohen Sockel platziert wurde. Anders als beim klassischen Vorbild für Reiterstatuen, dem Mark Aurel auf dem Kapitol, ruht die Last von Ross und Reiter nicht auf drei, sondern auf zwei Pferdebeinen, was die Natürlichkeit der Gangart des Pferdes unterstreicht. Den Herrscherstab in der Hand, das Kurzschwert an der Seite, trägt der bärtige Friedrich eine römische Imperatorentracht, die am muskulösen Brustkorb so eng anliegt, dass man meint, er reite mit nacktem Oberkörper.

Der Nachfolger auf dem Thron, Kaiser Wilhelm II., war von der kraft-, schwung- und würdevollen Darstellung seines Vaters so begeistert, dass er zur Einweihung des Standbilds 1905 eigens nach Bremen kam. Tatsächlich wirken die Reiterstatuen Bismarcks und Moltkes in der Innenstadt dagegen recht steif.

Adresse Slevogtstraße, 28209 Bremen-Schwachhausen | ÖPNV Bahn 6 und 8, Bus 24, Haltestelle Blumenthalstraße | Tipp Jeden Donnerstag blickt der Kaiser herab auf einen kleinen Markt mit Essständen und rustikalen Bänken, wo sich die Werktätigen der umliegenden Kanzleien und Büros zur Mittagspause einfinden.

75_Der Riensberger Friedhof

Ein Park für die Lebenden

Der Riensberger Friedhof ist – soweit man das von einem Totenreich sagen kann – paradiesisch. Er ersetzte 1875, zusammen mit dem Waller Friedhof, die beiden Gottesacker im Weichbild Bremens. Diese wurden den städtebaulichen Erfordernissen der Gründerzeit geopfert. Er war von Anfang an als Parkanlage gedacht, sodass der See und die Wasserläufe künstlich geschaffen werden mussten.

Den See säumen prachtvolle Grabmäler, Mausoleen und ein Kolumbarium. Letzteres, ein im Jugendstil ausgestalteter neoklassizistischer Kuppelbau, war 1907 als eines der ersten Krematorien Norddeutschlands errichtet worden und wurde 2002 in ein Urnenhaus verwandelt. Die beiden größten Mausoleen sind jung verstorbenen Söhnen gewidmet. Neuere Grabanlagen haben, obschon eher schlicht gehalten, oft eine feine Eleganz. Auffällig ist, dass fast ausnahmslos weibliche Statuen die Trauer tragen müssen. Mannsbilder scheinen dafür nicht zu taugen. Wer schon als Lebender seine himmlische Ruhe sucht, nutzt den Friedhof gern zum Verweilen.

Nirgendwo in der Stadt gibt es eine größere Prominentendichte als in diesem Park der Besinnlichkeit. Mit hanseatischer Zuversicht wartet ein Gros der Bremer Kaufmannschaft in repräsentativen Grabstätten auf das ewige Leben. Im östlichsten Winkel ist Bundespräsident Karl Carstens zur letzten Ruhe gebettet. Er führt die Riege der Politiker an, zu denen sich auch der populäre Nachkriegsbürgermeister Wilhelm Kaisen und etliche Senatoren gesellen. Des Schriftstellers Friedo Lampe wird am Familiengrab gedacht. Er ruht in Kleinmachnow. Der vermutlich einzige Weltstar des Friedhofs, auch wenn seinen Namen kaum einer kennt, blieb seiner erzwungenen Existenz am Rande auch im Tod verhaftet. Harry Frohman, früher Frommermann, Initiator, Arrangeur, Sänger und Herz der Comedian Harmonists, dessen glanzvoll begonnene Laufbahn durch die braunen Machthaber rigoros gekappt wurde, fand ein unscheinbares Asyl im Familiengrab seiner letzten treuen Begleiterin.

Adresse Friedhofstraße 51, 28213 Bremen-Riensberg | **ÖPNV** Bahn 6, Haltestelle Riensberg, Bahn 4 und 5, Haltestelle Friedhofstraße | **Tipp** In der neogotischen Friedhofskapelle finden zuweilen Konzerte statt, mit denen Mitglieder der gehobenen Musikszene Bremens, aber auch auswärtige Musiker, ihr feinsinniges Publikum erfreuen. Für Baumliebhaber: Auf dem Friedhof gibt es einen stattlichen Mammutbaum.

76_Das Roselius-Haus

Die unerwartete Wirkung eines Wurms am Werk

Drei im Schmerz vereinte Figuren bilden die Topografie einer gerade noch gebremsten Zerstörung. Neben dem Messer und Meißel Tilman Riemenschneiders, des größten spätgotischen, mainfränkischen Bildschnitzers, hat sich ein Holzwurm durch ein Labyrinth feinster Höhlungen im Körper Jesu Christi und dem zweier Trauernder verewigt und zugleich eine subtile Spur der Vergänglichkeit in diese »Beweinung Christi« eingegraben. Wegen dieses anonymen Holzwurms wird man die Skulptur nie mehr vergessen.

Im Nebenraum, dem sogenannten Cranach-Zimmer, hängen Gemälde, die man aus bebilderten Geschichtsbüchern kennen kann, wie die Porträts Martin Luthers und Katharina von Boras, gemalt von Lucas Cranach dem Älteren, und ein Abbild von Luthers bedeutendstem Mitreformatoren Philipp Melanchthon, gemalt vom jüngeren Lucas Cranach. Dazu ein »Ecce homo«-Bild von Ersterem.

Das älteste Haus in der um 1900 heruntergekommen wirkenden Böttcherstraße war das erste, das sich der Kaffeekönig und Entkoffeinierer Ludwig Roselius von seinen Erlösen gekauft hat. Ihm schwebte die Wiedergeburt einer mittelalterlich-norddeutschen Baukultur nach seinen idealisierten Vorstellungen vor. Anders als das Becker-Modersohn-Haus, das er von Bernhard Hoetger in einem eigenen experimentellen, expressionistisch inspirierten Stil entwickeln ließ, sollte das Gebäude den Eindruck eines gotisch anmutenden Bürgerhauses vermitteln. Deshalb ließ er das Gebäude auch mit einem Treppengiebel und auf Kante gesetzten, beflaggten Pfeileraufsätzen ausstatten, obschon das Haus vermutlich einen solchen Giebel nie besessen hat.

Der Innenausbau des Gebäudes sollte dem Besucher das mittelalterlich verwinkelte Interieur einer Wohnung betuchter Patrizier vorspiegeln, obwohl der Hauptzweck des Hauses gar nicht darin lag, es zu bewohnen, sondern darin, Roselius' umfangreiche Sammlungen aufzunehmen. So ist es auch gekommen.

Adresse Böttcherstraße 6–10, 28195 Bremen-Altstadt | ÖPNV Bahn 2, 3, 4, 5, 6 und 8, Bus 24 und 25, Haltestelle Domsheide | Öffnungszeiten Di–So 11–18 Uhr | Tipp Ein weiterer ausdrucksvoller »Schmerzensmann« von Lucas Cranach dem Älteren kann im Dommuseum, das über den südlichen Seitenflügel des Sankt-Petri-Doms zu erreichen ist, besichtigt werden.

77 Das Ruschdahlmoor

Das einzige Moor im Bremer Stadtgebiet

Der Naturschutzgedanke unterstellt, dass der alltägliche Umgang mit der Natur in unserer Gesellschaft dazu führt, dass die Natur ruiniert wird. Also muss man bei vorgegebenen äußeren Bedingungen ein Bewusstsein für ihre Bedeutsamkeit bei der Menschheit schaffen und sie gesondert schützen. Das verhindert nicht, dass Müll in die Natur gekippt wird.

Davon bleibt auch das Ruschdahlmoor leider nicht verschont. Selbst alte Reifen hat man schon gefunden. Dabei ist dieses Moor eine Besonderheit. Auf einer Fläche von knapp sieben Fußballfeldern gehen zwei kleine Hochmoore und ein umgebendes Flachmoor ineinander über. Die Hochmoore wuchsen im Innern von Trichtern, die vor 9.000 Jahren entstanden. Diese Trichter bildeten sich, weil im darunterliegenden Salzstock Hohlräume einstürzten. Ständig lagerten sich neue Schichten Torfmoos in den Trichtern ab, sodass das Bodenrelief vom Moor ganz bedeckt wurde. Messungen haben ergeben, dass es an den tiefsten Stellen 33 Meter tief ist. Damit gehört es zu den tiefsten der in Europa ausgeloteten Moore.

An den Moorpflanzen kann man in etwa erkennen, welcher Bereich zum Flachmoor und welcher zu den Hochmooren gehört. Während das Flachmoor mit Weidenbüschen, Brombeersträuchern, Erlen, Schilf und Seggen bewachsen ist, sieht man im Hochmoor Moosbeeren, Rosmarinheide, Moorknabenkraut, Gagelsträucher, Glockenheide und je zwei Arten Sonnentau und Wollgras. Ein Bohlenweg, der auch zum eigenen Schutz nicht verlassen werden sollte, führt näher an Flora und Fauna heran. Libellen sind hier ebenso zu Hause wie Amphibien. Hinzu kommen Sing- und Wasservögel. Über den Bach Ihle fließt überschüssiges Wasser ab.

Die Möglichkeiten, dieses Moor zu erkunden, sind begrenzt. Vor einem Rundgang ums ganze Moor herum wird gewarnt, weil Äste herabfallen und Bäume umkippen können. Den Steg zu einer Aussichtsstelle gibt es nur auf den Plänen an den Zugängen.

Adresse Im Ruschdahl, 28717 Bremen-Lesum | **ÖPNV** mit dem Zug bis Bahnhof Lesum, von dort die Busse 90, 91 oder 92 bis Haltestelle Am Heidbergstift, dann zu Fuß nach Norden auf den Straßen Am Heidbergstift und Im Ruschdahl | **Tipp** Wenn man vom Moorbesuch mehr als nur den Anblick haben möchte, empfiehlt es sich, ein Bestimmungsbuch für Pflanzen und Tiere des Moores mitzubringen oder entsprechende Apps auf dem Smartphone zu aktivieren. In Buchform werden mindestens fünf solcher Helfer angeboten.

78 Die Sankt-Martini-Kirche

Ein Glockenspiel zum Lobe des Herren

Die fast 800-jährige Sankt-Martini-Kirche lassen viele links liegen, weil sie vom Stadtzentrum durch die Martinistraße wie durch eine psychologische Schranke abgeschnitten erscheint. So entgeht ihnen einer der schönsten Orgelprospekte Nordeuropas. Im Krieg ist zwar die Orgel, weil sie nicht ausgebaut werden konnte, völlig zerstört worden, aber den Orgelprospekt, also das Pfeifengehäuse der Orgel, hatte man ausgelagert, sodass er in seiner ganzen Herrlichkeit erhalten blieb. Er ist die farbenprächtige frühbarocke Darstellung eines doppelten Jerusalem: eines himmlischen, dessen Türme ein nicht minder prunkvolles irdisches Jerusalem überragen.

Eine weitere Besonderheit ist der Glockenklang. Sankt Martini hat 19 Glocken; sieben davon sind Glocken des Geläuts, 17 des Glockenspiels. Wem das jetzt rein rechnerisch rätselhaft erscheint, hat vermutlich korrekt zusammengezählt, aber nicht wissen können, dass fünf Glocken »sowohl als auch« sind. Die 17 Glocken des Glockenspiels einschließlich der fünf letztgenannten können je nach dem Kalender Advents-, Weihnachts- oder Osterlieder intonieren. An normalen Tagen tönt vom Turm der von Joachim Neander eigens für die Martinikirche komponierte, weltbekannte Choral »Lobe den Herren, den mächtigen König der Ehren«.

Nach dem seinerzeit berühmten Kirchenmann ist das an der Südseite angebaute, aus dem 15. Jahrhundert stammende Wohnhaus der Prediger der Kirche benannt, das Neanderhaus. Und wie der Zufall so spielt, wurde eine Höhle und später das ganze Tal bei Düsseldorf nach Neander benannt, weil er in besagter Höhle so gerne gedichtet hat. Dann kam der Knochenfund, und der Neandertaler hatte seinen Namen weg. Der junge Wuppertaler, der fast drei Jahre im Neanderhaus als Gast des Predigers Treviranus lebte, hieß Friedrich Engels. Er war der Sohn eines Fabrikanten und stand noch in der Ausbildung. Später sah er das Heil der Menschheit in einer Umwälzung der Gesellschaft.

Adresse Martinikirchhof 3, 28195 Bremen-Altstadt | **ÖPNV** Bahn 2, 3, 4, 5, 6 und 8, Bus 24 und 25, Haltestelle Domsheide | **Tipp** Der im Text genannte Choral ertönt täglich eine Viertelstunde nach 9, 12, 15 und 18 Uhr. Sonntags um 10 Uhr erklingen zum Gottesdienst die sieben Glocken des Geläuts, die auf die vier Glocken des Sankt-Petri-Doms abgestimmt sind. Beider Kirchen »Altstadtgeläut« gehört zu den hörenswertesten Glockenklängen in Deutschland.

79_Der Sankt-Petri-Dom

Die Bischofskirche mit der kleinen Kirchenmaus

Das bei Weitem eindrucksvollste Gotteshaus Bremens ist der Sankt-Petri-Dom auf der Düne. Er steht mit seinen über 90 Meter hohen Türmen fest verankert im Stadtbild. Wer jedoch aus dem Bürgerpark heraus entlang der Sichtachse von Meierei und Parkhotel auf die Innenstadt schaut, erkennt, wie sehr andere Hochbauten seine Silhouette bedrängen.

»Dom« wird im Deutschen eine Kirche dann genannt, wenn sie einem Bischof oder Erzbischof untersteht. Für den Bremer Dom trifft das seit seiner auf Geheiß Karls des Großen erfolgten Errichtung im Jahr 789 durch Bischof Willehad, einen Angelsachsen, zu. Man begann zwar bescheiden mit einer Holzkirche, aber bereits 805 wurde sie durch den ersten Steinbau abgelöst. Nach mehreren Feuersbrünsten und Neuanfängen erhielt der romanische Dom um 1500, als man das niedrige nördliche Seitenschiff im gotischen Stil aufwölbte, im Wesentlichen seine heutige Gestalt. Im Gefolge der Reformation wurde der Dom lutherisch. Katholische Messen wurden in Bremen danach rund 300 Jahre nicht geduldet. Was den Kirchenschmuck betrifft, ging Wertvolles während dieser Epoche verloren. Aufgrund der Zwistigkeiten zwischen der bestimmenden reformierten Oberschicht und der lutherischen Domgemeinde fand im Dom 77 Jahre lang kein Gottesdienst mehr statt, und das Bauwerk begann zu verfallen. Schließlich stürzte 1638 der Südturm ein. Danach durften die Lutheraner den Dom wieder als Hauptkirche nutzen.

Umfassend saniert wurde er – mit historisierenden Zusätzen wie dem neuen Vierungsturm – erst zwischen 1888 und 1901. Seither hat man ihn noch einmal restauriert. Bei dieser Restaurierung in den 1970er Jahren förderte man seltene Kostbarkeiten zutage, die im Dommuseum zu besichtigen sind. Darunter sehr gut erhaltene bischöfliche Beinkleider und andere Grabbeigaben. Ein Kleinod, das Kinder gern entdecken wollen, ist die arme Kirchenmaus aus Stein im Hohen Chor.

Adresse zwischen Domsheide und Domshof, 28195 Bremen-Altstadt | ÖPNV Bahn 2, 3, 4, 5, 6 und 8, Bus 24 und 25, Haltestelle Domsheide | Öffnungszeiten Mo–Fr 10–16.45, Sa 10–13.30, So 14–16.45 Uhr | Tipp Wer noch mehr Schätze aus dem Dom sehen möchte, muss ins Focke-Museum gehen. Wer den Überblick behalten will, besteige den südlichen Domturm (geöffnet April bis Okt. Mo–Fr 10–16.30, Sa 10–13.30, So 14–16.30 Uhr, Juni bis Sept. Mo–Fr und So bis 17.30 Uhr).

80_Die Kirche Sankt Stephani

Auferstanden aus Ruinen, der Kultur zugewandt

Bevor man den polierten Fisch am Seiteneingang in die Hand nimmt und herunterdrückt, sollte man erst um die Kirche ganz herumgehen. So wird man gewahr, dass es sich bei Sankt Stephani um eine Rumpfkirche handelt, die die Bombenangriffe des Zweiten Weltkriegs nur als Ruine überstanden hat. Die Bomben hatten keinen Halt gemacht vor einer Gemeinde, in deren Reihen einzelne Personen und Familien den Gemeinheiten und Greueln des deutschen Faschismus den größtmöglichen Widerstand entgegengesetzt hatten. Anders als bei der ebenfalls das Stadtbild beherrschenden Sankt-Ansgari-Kirche hat man sich für ihren Wiederaufbau entschieden, die Gemeinde jedoch war aufgrund der Kriegseinwirkungen gerade im Stephaniviertel in alle Winkel der Stadt zerstreut. Von 40.000 Gemeindemitgliedern im Jahr 1939 ist die Gemeinde auf 1.400 Personen heute zurückgegangen.

Wenn man nun über das Querhaus das Langhaus der Kirche betritt, ist man meist mitten in einer Ausstellung, denn Sankt Stephani ist seit 2007 die erste Kulturkirche Norddeutschlands, in der neben den Gottesdiensten Ausstellungen, Installationen, Konzerte, Filme, Lesungen, Diskussionen und Vorträge von gesellschaftlicher Relevanz angeboten werden. Die Gemeindegottesdienste finden im abgegrenzten nördlichen Seitenschiff statt. Hier ist Raum für 130 Personen. An manchen Sonntagen findet ein Kulturgottesdienst im Langhaus statt, wo 800 Personen Platz finden können.

Über die neue Nutzung als Ort des Dialogs zwischen Kirche und Kultur ist Sankt Stephani zu einem Treffpunkt der Nachdenklichen und Empfindsamen herangereift. Ihre Veranstaltungen werden vom Bremer Publikum gut angenommen. Der große Innenraum in seiner schlichten Ausgestaltung – abgesehen von den gestochen klaren Buntglasfenstern Erhart Mitzlaffs in der Apsis und den glänzenden Messingkandelabern – bietet eine adäquate neutrale Folie für die Anliegen der Kulturschaffenden.

Adresse Stephanikirchhof, 28195 Bremen-Stephaniviertel | **ÖPNV** Bahn 2 und 3, Haltestelle Radio Bremen | **Öffnungszeiten** Di–So 11–18 Uhr und zu Veranstaltungen | **Tipp** Weserabwärts, wo einst das Focke-Museum den Bomben zum Opfer fiel, ist heute der kleine öffentliche Focke-Garten mit einer Sonnenuhr und einigen Reliefs. Die Freude daran wird allerdings durch den Verkehrslärm in der unmittelbaren Nähe getrübt.

81 Die Schauburg

Wo frau die Filmplakate selbst malt

Die Programmkinos sind die Perlen der Kinokultur der Stadt. Es fällt schwer zu entscheiden, welcher Lichtspielstätte man den Vorzug geben soll, denn alle haben ihren eigenen Charme. Von jeher wurde das Cinema an der Sielwallkreuzung mit Auszeichnungen für sein alternatives Programm überhäuft. Die »Gondel« hat ihr Bistro ausgebaut und ist noch attraktiver geworden. Im »Atlantis« findet jeden Herbst eine italienische Filmwoche statt, die unter Kennern absolut Kult ist. Bleibt noch die Schauburg.

Sie wurde 1929 vom Architekten Joseph Ostwald (1879–1950), der fast alle frühen Kinos der Stadt entwarf, als Tonfilmkino errichtet. Nach der Hochzeit des Kinobesuchs Anfang der 1960er Jahre und der großen Fernsehwelle begann ein Kinosterben. Die Schauburg mit damals fast 1.000 Sitzplätzen wurde um ein Stockwerk verkleinert. Im Erdgeschoss zog ein Supermarkt ein. Nur was ehedem der Rang war, blieb erhalten. Als sich schließlich nicht einmal mehr Pornostreifen an den Mann bringen ließen, schien das Kino am Ende. Doch durch eine Rettungsaktion kam es 1982 zu einer zweiten Geburt der Schauburg als Kino- und Kulturzentrum.

In der heutigen, quasi vorfilmlosen Zeit beginnt der Vorfilm damit, dass man sich zunächst die Plakate an der Frontseite des Kinos anguckt. Die vermutlich einzige Filmplakatmalerin Deutschlands, Katrin Wulfers, braucht bis zu sechs Stunden für ein Plakat. Bei »Soul Kitchen« von Fatih Akin waren es sogar acht. Dann setzt man sich oben ans Fenster und schaut dem Treiben im Viertel auf den Kopf. Bei deutschen Produktionen kommen manchmal der Regisseur und ein, zwei Schauspieler in das nostalgisch gestaltete Café, bevor sie im Filmsaal den Zuschauern zu ihrem Film Rede und Antwort stehen. Der Schwerpunkt in der Schauburg liegt klar auf Film, aber auch ein Tim Fischer hatte im großen Haus schon berauschende Auftritte, mit hinreißenden Zugaben von ebenso langer Dauer wie das offizielle Programm.

Adresse Vor dem Steintor 114, 28203 Bremen-Steintor | ÖPNV Bahn 2, 3 und 10, Haltestelle Brunnenstraße | Tipp Wer auf ein Plakat von Katrin Wulfers scharf ist, muss schnell sein, denn nachdem sie abgehängt sind, werden sie wieder für den nächsten Film übermalt. Kontakt über www.katrinwulfers.de.

82 Der Schlachthof

Die Kesselhalle als Türöffner zur großen Karriere

Der Schlachthof ist für aufflackernde Sterne am Musikhimmel eine Vorglühstation. In der Kesselhalle heizen sie ihrem Bremer Publikum ein und, wenn beide miteinander warm geworden sind, sieht man die Stars ein Jahr später in der Glocke, im Musical-Theater, im Pier 2 oder in der Stadthalle. Doch manchmal kommen sie in den Schlachthof zurück, weil sie spüren, dass er für ihre Musik ein stimmiges Ambiente zwischen knisternder Nähe und wohliger Distanz, zwischen wacher Gewogenheit und umwerfendem Wahnsinn schafft. Hier gibt es kein echtes Stammpublikum. Zu jedem Konzert tauchen andere Zuschauer auf: Bei Holly Cole sitzen Frau und Mann andächtig entspannt bis begeistert auf den Rängen, bei Calexico, als noch geraucht wurde, stand vor allem Mann in der schwarzen Lederkluft breitbeinig rumpelig kumpelig mit dem Bierbecher in der knackigen Faust bis unters Dach im und unter Dampf, während es beim alljährlichen Schulrockwettbewerb Pennäler (und ihre Lehrer ziemlich) fetzt.

All das geschieht in einem ziegelroten Klinkerbau, in dem seit 1891 knapp 90 Jahre lang Rinder und Schweine die Löffel abgeben mussten. Ursprünglich war das Schlachthofgelände weitaus größer. Von den Gebäuden konnte nur ein Kernbereich mit Turm, Magazinräumen und Kesselhalle durch eine Bürgerinitiative gerettet werden. Sehr ärgerlich war der vom Bausenator durchgeboxte Abriss der Fleischmarkthalle, in deren uriger Szenerie bereits begeistert aufgenommene Theateraufführungen wie Hans Henny Jahnns »Die Krönung Richards III.« stattgefunden hatten.

An Sommerwochenenden wecken in der offenen Arena hinter dem Gebäude junge Bands die Stadt aus dem Nachmittagsschlaf. Daneben tummelt man sich im Biergarten. Rollsportfreunde nutzen den Vorplatz für ihre BMX-, Skater- und Skateboardkünste. Und unvergessen: Im Magazinkeller hatten einst noch mäßig erfolgreiche Tote Düsseldorfer Hosen ihr erstes Konzert.

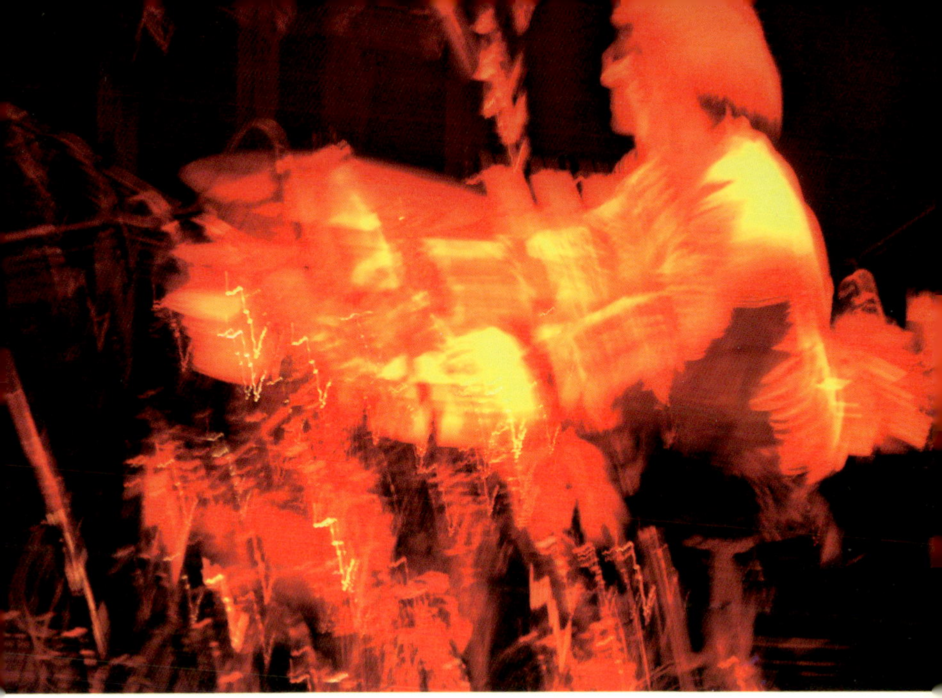

Adresse Findorffstraße 51, 28215 Bremen-Findorff | **ÖPNV** Bus 25, Haltestelle Theodor-Heuss-Allee, oder fast alle Linien, Haltestelle Hauptbahnhof | **Tipp** Nach der Vorstellung gehört ein Absacker in der Schlachthofkneipe zum Programm, zumal die Künstler häufig noch vorbeischauen. Das Relikt einer eisernen Wendeltreppe krönt den Raum.

83 Das Schloss Schönebeck

Ein Heimatmuseum der Weltläufigkeit

Es gibt in Bremen einiges Edle, aber nur wenig Adeliges. Das Schloss Schönebeck gehört zu diesen seltenen adeligen Hinterlassenschaften im Bremer Landesbereich. Wer sich unter »Schloss« ein Gebäude wie das des Sonnenkönigs in Versailles vorstellt, liegt mit solchen Barockphantasien in Schönebeck nur halb richtig. Obschon die heutige Form des Schlosses aus dem Barockzeitalter herrührt – ein Franz Wilken von Schönebeck ließ es wohl im oder kurz nach dem Dreißigjährigen Krieg errichten –, steht es nahezu schnörkellos, kantig und in sich kompakt als eine Art Quader mit Mansarddach in der Schönebecker Aue. Durch seine blockhafte backsteinerne Bodenständigkeit und seine freie Lage beherrscht es das Terrain.

Der ehemalige Adelssitz der Ritter von Oumünde und der mit ihnen verbandelten von Schönebecks liegt in einem zu Spaziergängen einladenden, kühn »Bremer Schweiz« genannten, bewaldeten Hügelland und ist als früheres Wasserschloss bis auf die moderne Zufahrt ringsum von einem Wassergraben umgeben. Wenn dieser im Winter zufror, fuhr man ums Schloss herum Schlittschuh.

Das Schloss ist 1952 vom letzten adeligen Eigentümer aus dem Geschlecht derer von der Borch an die Stadt Bremen veräußert worden und beherbergt ein Heimatmuseum, das von rührigen ehrenamtlichen Helfern betreut wird. Die Schwerpunkte der Exponate liegen auf vom Lokalen ins Globale reichenden Themen wie der Schifffahrt (zahlreiche Schiffsmodelle), dem Herings- und Walfang, den Produkten der heimischen Kachel- und Steinguterzeugung (Jugendstilfliesen!) und der bürgerlichen Wohnkultur. Von den Inuit wird ein Vorläufer des Anoraks aus ungegerbten Robbendärmen gezeigt.

Ein Raum ist dem berühmten Sohn der Stadt, Gerhard Rohlfs, gewidmet. Er war als Abenteurer und Forschungsreisender im nördlichen Afrika unterwegs. Über seinem Bücherschrank prangt als Geschenk des Kaisers von Äthiopien ein Kriegsszenarium.

Adresse Im Dorfe 3–5, 28757 Bremen-Schönebeck | ÖPNV mit der Regionalbahn Bremen-Vegesack oder Bus 90, 91 und 92, Haltestelle Bahnhof Schönebeck, zu Fuß auf der »Schafgegend« nach Norden | Öffnungszeiten Di, Mi, Sa 15–17, So 10.30–13 und 15–17 Uhr | Tipp Besonders beliebt beim Publikum sind die in unregelmäßigen Abständen stattfindenden Schlosskonzerte. Heiratslustige können sich hier an jedem 3. Freitag im Monat trauen lassen.

84 SchwarzLichtHof

Es klickt und klackt in der Alten Stauerei

Die jungen Männer stehen im abgedunkelten Raum. Sie haben die Haare schön. Zumindest schön farbig. Ihr Gel leuchtet geheimnisvoll im unsichtbaren Licht. Die Damen legen auf der Toilette noch ihre Kriegsbemalung an. Nicht die übliche. Sie muss fluoreszierend sein. Man kennt das von mancher Sonnenschutzcreme beim Skifahren. Als sie in den mit Schwarzlicht ausgeleuchteten Raum kommen, ist der Überraschungseffekt enorm. Janine, bist du das? Wer seine Klamotten mit Waschmitteln gewaschen hat, in denen Aufheller verwendet werden, leuchtet oder funkelt am ganzen Körper. Nun kann der Spaß beim Spiel losgehen.

In die Alte Stauerei am Holzhafen ist ein neues Freizeitvergnügen eingekehrt. Man hat eine Minigolfbahn mit 18 Stationen in einem ganz in Schwarz ausgekleideten Raum eingerichtet. An die ehemalige Funktion erinnern in fluoreszierender Farbe an die Wände gemalte Szenen mit Hafenarbeitern, dazu bunt markierte Kisten, Fässer, Tonnen, Säcke, Regale und Staugut aller Art. Das alles und einige Hindernisse mehr bilden einen anspruchsvollen und ideenreichen Minigolfparcours. Das Schwarzlicht, das die Bemalungen und auch Teile der Kleidung zum Leuchten bringt, ist ein Licht mit einer Wellenlänge von knapp unter 380 Nanometern und liegt damit jenseits der Sichtbarkeit fürs menschliche Auge. Es ist die schwächste Form von ultraviolettem Licht. Außer hier und in Discos nutzt man ein solches Licht beispielsweise auch an der Supermarktkasse, um die Echtheit von Geldscheinen zu überprüfen. Im SchwarzLichtHof dient dieses Licht dazu, eine unwirkliche, irgendwie abgefahrene Atmosphäre zu kreieren.

Einige Stationen verlangen, dass man den Minigolfschläger zum Billardqueue umfunktioniert. An einzelnen Stationen wird die Hafenszenerie durchbrochen, es treten Fußballspieler in Grün-Weiß auf den Plan. Werder lässt grüßen. Dazu passt dann wieder, dass Mann die Haare schön hat.

Adresse Cuxhavener Straße 7, 28217 Bremen-Überseestadt | ÖPNV Bahn 3, Haltestelle Waller Ring, 3 Minuten zu Fuß Richtung Speicher XI, oder Bus 20, Haltestelle Speicher XI | Öffnungszeiten Mo–Do 14–22, Fr 14–24, Sa 10–24, So und Feiertage 10–22 Uhr | Tipp Wer vorher das Hafenmuseum gegenüber im Speicher XI besucht hat, erhält bei Vorlage der Eintrittskarte eine kleine Ermäßigung.

85 Der Schwurgerichtssaal

Dem Rechte zum Schutz – dem Bösen zum Trutz

Das Rechtswesen ist kein Kinderspiel, hier werden existenzielle Interessen und Gegensätze verhandelt. Das Schwert in der Hand der Justitia macht deutlich, dass das Recht eine staatstragende Gewalt ist, der Geltung verschafft wird, wenn die gerechte Abwägung (symbolisiert durch die Waage) getroffen wurde. Unterstrichen wird diese rechtsimmanente Macht durch ein Gebäude, das in seiner Monumentalität an eine mittelalterliche Burg erinnert. Dieser Eindruck des Gerichtshauses (erbaut 1892–95) wird kaum dadurch abgemildert, dass über dem Hauptportal zur Domsheide hin eine Allegorie angebracht ist, bei der Kinder in fünf Folgen vorexerzieren, wie aus Spaß Ernst wird und über Verhaftung, Verhandlung, Verurteilung und Bestrafung das Recht ins scheinbar kindliche Spiel eingreift. Die Erwachsenenköpfe der Schlusssteine über den Kinderszenen machen durch ihren Gesichtsausdruck den Schrecken und Schmerz in diesen gravierenden Vorgängen überdeutlich.

Neben dem Rathaus gibt es in Bremen wohl keinen sprechenderen Profanbau als dieses Gerichtshaus auf der Düne. Außer an der Seite des ehemaligen Untersuchungsgefängnisses in der Buchtstraße ist das Gebäude reichlich mit ornamentaler Symbolik befrachtet. Dies setzt sich im Innern in den Steinmetzarbeiten an den Treppengeländern fort und erfährt seinen Höhepunkt im alten Schwurgerichtssaal im zweiten Obergeschoss. Unter den in das Tuch der Wandverkleidung eingearbeiteten Wappen Bremens und des Deutschen Reichs ist in den Vertäfelungen ein ganzer Kosmos moralischer Anforderungen und menschlicher Verfehlungen ausziseliert. Die Angeklagten blicken auf sieben Todsünden, die Richter auf sieben Tugenden. Beide allegorischen Folgen sind eingebunden in den Jahreslauf der vier Jahreszeiten an der Fensterseite und der zwölf Monate (als Sternzeichen) gegenüber. Es ist nicht zu übersehen, dass in diesem Saal Schicksal stattfindet, auch wenn in der Demokratie der Rachegedanke keine Rolle mehr spielen soll.

Adresse Domsheide 16, 28195 Bremen-Altstadt | ÖPNV Bahn 2, 3, 4, 5, 6 und 8, Bus 24 und 25, Haltestelle Domsheide | Tipp Gerichtsverhandlungen sind bei uns mit wenigen Ausnahmen öffentlich. Wer sich sein eigenes Bild vom Prozedere und der Atmosphäre verschaffen will, kann nach einer Sicherheitsüberprüfung einer Verhandlung im alten Schwurgerichtssaal oder einem anderen Saal beiwohnen.

86 Die Semkenfahrt

Auf gefluteten Weiden über knackiges Eis fegen

Da sich das Wetter, als wäre es mit einem eigenen Willen ausgestattet, nicht sklavisch an die prognostizierten Durchschnittswerte der Klimaforschung hält, kommt es trotz der erwarteten allmählichen Erderwärmung immer mal wieder zu längeren winterlichen Frosteinbrüchen. Dieses Phänomen ist auch dem Bremer Eisverein nicht unbekannt geblieben. Schon im November lässt er deshalb drei prächtige Pumpen anwerfen, die innerhalb von knapp drei Wochen eine Wiesenfläche von 30 Hektar hinter den Kleingärten an der Müllverbrennungsanlage mit Wasser aus der Wümme überfluten. Die Wasserhöhe wird in der Folgezeit automatisch nachreguliert und überschreitet nirgendwo auf der unter Wasser gesetzten Weide den halben Meter. Danach müssen nur noch die tiefen Temperaturen ihr frostiges Werk tun, und schon scharren Bremens Eissportfreunde freudig mit den Kufen.

An schönen, klaren Wintertagen pilgern sie zu Hunderten zur Semkenfahrt und schnallen ihre schnellen Gleiter unter. Vom Ausgangspunkt bis zum Blocklanddeich liegen zwei arktische Meilen (sprich: drei Kilometer) vor ihren geschliffenen Schlittschuhkanten. Nach einer kurzen Wegstrecke zu Anfang weitet sich die Eisfläche zu epischer Breite, sodass sich hier verwegene Eishockeymannschaften zusammenrotten, um dem schwarzen Puck nachzujagen. Ein improvisierter Imbissstand sorgt für heißen Glühwein und würzige Würstchen.

Im mittleren Abschnitt der weiten Eiswüste wagen künftige oder gewesene Eisprinzessinnen und -prinzen ihre Salchows, Axel und Rittberger. Manch älterer Herr zieht mit langen antiken holländischen Schlittschuhen an ihnen vorbei zum bewirtschafteten Horizont am Deich. Doch Vorsicht: Das Eis an der Pumpenstation am Ende ist dünn und brüchig. Um gefahrlos zur Gaststätte zu gelangen, muss man rechtzeitig vom Eis. Für den Fußweg dahin erweist sich Schuhwerk im umgeschnallten Tagesrucksack als praktisch.

Adresse Blocklander Hemmstraße, 28357 Bremen-In den Hufen | ÖPNV Bus 28, Haltestelle Wetterungsweg | Tipp Wer vergessen hat, die Kanten zu schleifen, kann sich vor dem Gelände an einen Schleifdienst wenden. Technikfreunde können eine der ausgedienten Wasserpumpen neben dem Einlass begutachten.

87 Der alte Sendesaal

Im dunklen Klangei wachsen Elefantenohren

Der Saal ist in tiefschwarze Nacht getaucht. Man kann die Augen aufreißen, wie man will, es ist nichts zu sehen. Nicht einmal die Hand vor besagten Augen. Stille, obgleich der Saal dicht mit Zuhörern besetzt ist. Eine Stimmung zwischen heimelig und unheimlich. Behutsam setzt die Musik ein. Jeder Musiker spielt sein Instrument blind, und auch das Zusammenspiel aller muss naturgemäß ohne sichtbare Zeichen auskommen. Der Klang wächst. Der Raum weitet sich. Die Zuhörer werden ganz Ohr, entwickeln unsichtbare Elefantenohren.

Derartige Impressionen aus der Reihe »Konzerte im Dunklen« verdanken sich zum einen der hervorragenden Akustik des 1952 konstruierten Sendesaals. Diesem schalltechnischen Wunderwerk liegt das aufwendige Prinzip einer federngelagerten Raum-in-Raum-Konstruktion zugrunde. Allerdings sind die dreischaligen Wände und die Decke voneinander unabhängig gefedert, und der Boden ist ein schwimmender Estrich, der durch Korkdämmung von den Wänden isoliert ist. Der Saal diente Radio Bremen neben Aufnahmen auch zu öffentlichkeitswirksamen Sendungen mit bis zu 220 Gästen. In Zeiten der Nachkriegsnot leistete sich der Sender bis 1957 sogar ein 45-köpfiges Kammerorchester.

Der andere Grund ist der hartnäckige Einsatz einer Bürgerinitiative zur Rettung des Sendesaals. Als Radio Bremen Ende 2007 den Sendesaal aufgab, um ins Faulenquartier umzuziehen, lag der Antrag auf Abriss durch einen neuen Investor schon vor. Die Bürgerinitiative rüttelte die Stadt wach. Als der Saal im Mai 2008 unter Denkmalschutz gestellt wurde, war schon viel erreicht. Dann ebnete der Einsatz eines kulturbeflissenen Investors – es war abermals Dr. Klaus Hübotter – den Weg. Seit März 2009 sorgen die »Freunde des Sendesaals« trotz der Zeiten unbedingter Gewinnmaximierung in weitgehend ehrenamtlicher Tätigkeit für ein reges Konzertleben. Selbst Radio Bremen nutzt den Saal gelegentlich wieder.

Adresse Bürgermeister-Spitta-Allee 45, 28329 Bremen-Radio Bremen | ÖPNV Bus 21 und 24, Haltestelle Heinrich-Hertz-Straße | Tipp Man kann im »Geerdes am Sendesaal« in eleganter Atmosphäre auch unabhängig von den Konzerten gut speisen oder Kaffee trinken. Will man das Speisen mit dem Konzertbesuch kombinieren, sollte man etwa 90 Minuten vor Konzertbeginn da sein, weil der Andrang im Lokal vor den Konzerten groß ist.

88 Die Skybar

Ein Club mit Aussicht

Um sich einen solchen Blick zu gönnen, tritt man auf einen Umlauf hinaus. Sofort fährt der Wind ins Jackett wie in ein Segel. Man blickt aus der Höhe von 20 Etagen auf eine endlose Promenade, den Europahafen und die Weser. Die Innenstadt nach Süden zu versinkt in der Dämmerung. Der Dom in vier Kilometern Entfernung wirkt fast schon zierlich. Es ergreift einen ein ungewohntes Gefühl, fast so, als wäre man auf einem Kreuzfahrtschiff, stünde vorn an der Reling (Kate Winslet und Partner aus James Camerons »Titanic« kann man hier mal außen vor lassen) und blickte auf eine unbekannte Stadt.

Tatsächlich ist vieles, auf das man von der Skybar schaut, neu oder im Werden begriffen. Das künftige Viertel, die Überseestadt, ist ein Projekt, das Bremen noch eine Weile beschäftigen wird. Viele Apartments in den kühl wirkenden Wohnanlagen sind bezogen. Die Infrastruktur legt in Sprüngen nach, will heißen, zwei Kioske versuchen ihr Glück, einer macht wieder dicht. Die Buchhändlerin hat mit einer Anlaufzeit gerechnet, deshalb hält sie weiter an ihrem Laden fest. Die Restaurants sind gut besucht und ziehen Leute aus der Innenstadt an. Am Europahafen zu speisen ist angenehm, schon weil der Autoverkehr von der Promenade verbannt ist.

Den Investoren war bewusst, dass die neuen Einwohner ein Gefühl der Unbehaustheit beschleichen könnte, und versuchten, Abhilfe zu schaffen. So wurde an exponierter Stelle dieser Club eingerichtet. Nicht zu groß. Für mehr als 60 Personen ist er nicht gedacht. Die neuen Anwohner finden hier im obersten Stockwerk eine Bar vor, in der man gut plauschen oder abfeiern kann. Mitglieder des Clubs haben immer Zutritt, sofern nicht plötzlich alle dieselbe Idee haben. Für Nichtmitglieder gibt es eine elegante Lösung. Wer im »Riva« oder im »Hansen« zu Abend isst, kann bei Verfügbarkeit von der Bedienung einen Tagespass erhalten, sodass man den restlichen Abend bei großer Aussicht mit Adam's Delight oder Singapore Sling ausklingen lassen kann.

Adresse Skybar im Landmark Tower, Deck 20, Konsul-Smidt-Straße 84, 28217 Bremen-Überseestadt | ÖPNV Bus 20, Haltestelle Silbermannstraße | Tipp Neben den beiden im Text mit der besonderen Option genannten, ausgezeichneten Restaurants gehört das »El Mundo« im Schuppen 1 mit seinen riesigen Kronleuchtern zu den stark frequentierten Esslokalen der Überseestadt. Die Terrasse am Hafen liegt ein paar Stufen über der Promenade.

89 Der Speicher XI

Die Wiederbelebung fast abgeschriebener Gebäude

Die Aschenbahn in alten Stadien ist gut 400 Meter lang. So lang ist auch der Speicher XI, nur in gerader Linie. Damit ist er eines der längsten Gebäude der Stadt. Mit der Verfüllung des mittleren der drei Hafenbecken im Stadtbereich rechts der Weser, des Überseehafens, schien die Funktion des ehemaligen Baumwollspeichers nach 1999 nicht mehr gefragt. Es war damit zu rechnen, dass die Politik den Speicher, einen Klinkerbau mit einem Eisenbetonskelett aus der Zeit vor dem Ersten Weltkrieg, abräumen lässt, weil es Investoren zu heikel sein könnte, ein solches Gebäude umzubauen, womöglich unter Berücksichtigung von Denkmalschutzauflagen. Es stellte sich aber heraus, dass dieses eher karge, nach dem Zweiten Weltkrieg wieder instand gesetzte Gebäude durchaus den Charme besitzt, neue Nutzer anzulocken.

Zunächst zog die Hochschule für Künste in die schonend veränderten Räumlichkeiten ein. In einer Art Schneeballeffekt meldeten sich weitere Interessenten. An der Stadtfrontseite setzte mit dem »Port« ein Restaurant der gehobenen Kategorie erste Akzente. Auf der Terrasse können Feinschmecker ihre Speisen unter einem Kran zu sich nehmen. Das »Blaue Café« und die Mensa der Hochschule ein paar Trakte weiter bekämpfen nicht nur den studentischen Hunger.

Neben dem »Port«-Restaurant wurde ein detailreiches Hafenmuseum eingerichtet. Von A wie Anbiet bis Z wie Zuschüttung folgt man dem Alphabet für maritime Kenner durch zwei Stockwerke Bremer Hafengeschichte. Neben persönlichen Papieren, Originalwerkzeugen, Ausrüstungsgegenständen, Warensortimenten, Kran-, Schiffs-, Stadt- und Hafenmodellen gibt es zahlreiche Hörstationen, an denen Zeitzeugen und andere Tondokumente die Arbeit und das Leben vor Ort und in fremden Häfen schildern. Filme ergänzen das Gehörte. Man erfährt viel Persönliches, aber auch formale Kleinigkeiten wie die, warum es Speicher XI und nicht 11 heißt.

Adresse Am Speicher XI, 28217 Bremen-Überseestadt | **ÖPNV** Bahn 3, Bus 26 und 28, Haltestelle Waller Ring, 3 Minuten zu Fuß Richtung Speicher XI, oder Bus 20, Haltestelle Speicher XI | **Öffnungszeiten** Di–So 11–18 Uhr | **Tipp** Wer ein Relikt aus alten Hafenzeiten sucht, um dort zu trinken und zu essen, begebe sich zum Hafencasino am Holzhafen. An schönen Tagen ist in dieser authentischen Hafenkaschemme drinnen und draußen viel los. Manchmal sogar Musik.

90_Das Spicarium

(die) Spiere, engl.: spar

Wer noch nie einen Hornblower-Roman gelesen hat, bekommt mit dem Besuch im Spicarium die Gelegenheit, nicht nur sein nautisches Wissen, sondern auch seinen maritimen Wortschatz zu erweitern. Man erfährt die Hafengeschichte Bremens von den bescheidenen Anfängen am Strand der Balge, einem kleinen Seitenarm der Weser, bis hin zum Ausbau des Containerhafens in Bremerhaven. Nebenbei lernt man verschiedene Schiffstypen und ihre Vor- und Nachteile kennen. Was ist beispielsweise eine »Fleute«? Oder wo kamen Spieren zum Einsatz? Was versteht man unter »leichtern«? Der Name des multimedial angelegten Museums hingegen ist einfach zu erraten: Speicher, wobei »spica« im Lateinischen Ähre heißt, also Getreidespeicher.

Das markante Gebäude im Bereich des Vegesacker Hafens ließ Johann Lange, ein Schiffsbauer, nach dem Ende der Franzosenzeit errichten. Ab etwa 1820 taucht es auf gemalten Stadt- und Hafenansichten auf. Es ist das älteste Speichergebäude auf Bremer Boden. Als es 1990 nach all den anderen Gebäuden in seinem Umfeld abgerissen werden sollte, formierte sich Widerstand aus einer heimatbewussten Öffentlichkeit. Der Erhalt und die Umnutzung mit einer den Brandschutzauflagen genügenden Sanierung erwiesen sich als äußerst kompliziert. Umso erfreulicher die gefundene Lösung.

In den beiden unteren Stockwerken ist das Museum untergebracht, darüber sind Büroräume. Die prägende Holzkonstruktion im Innern ist erhalten geblieben und gut erkennbar. Ein äußerer gläserner Aufzug beeinträchtigt den historischen Gesamteindruck kaum. Die unterste Etage vermittelt den Eindruck eines authentischen Speicherraums mit Waren und Fässern. Flimmernde Filme zeigen unter anderem die Arbeit auf Walfängern. Der erste Stock ist lichtdurchflutet und wendet sich moderner Wissenschaft und Technik zu. Beispiele aus mariner Bionik und dem Yachtbau werden an Mitmachstationen veranschaulicht.

Adresse Zum Alten Speicher 5a, 28759 Bremen-Vegesack | **ÖPNV** Mit dem Zug zum Bahnhof Vegesack, von dort Richtung Weser zu Fuß | **Öffnungszeiten** Di–So 10–17 Uhr | **Tipp** Der »Museumshaven« Vegesack ganz in der Nähe hält historische Schiffe bereit, darunter ein Löschboot. Rund ums Hafenbecken sind Beschreibungen dieser Schiffe aufgestellt, von denen einige zu Ausflügen einladen.

91 Der Sportgarten

Halfpipe, Sand und Kletterwand

Wer kennt ihn nicht, den Spielplatz in Neubausiedlungen, der trotz seiner Buntheit nach Schema F errichtet wurde, weil ein Spielplatz nun mal Vorschrift ist. Man sieht ihm an, dass sich hier eine Generation Jugendlicher zu Tode langweilt. Kein Wunder, dass sich schon Kinder lieber in den Quasselbuden des Internets umtun und sie ihre körperlichen Entwicklungsmöglichkeiten vernachlässigen. Es muss daher nicht erstaunen, dass ein Projekt wie der Sportgarten in der Pauliner Marsch mit Auszeichnungen überhäuft wird.

Das Viertelparlament, eine institutionalisierte Versammlung engagierter Kinder und Jugendlicher, hat sich 1995 dafür ausgesprochen, für die Heranwachsenden ihres Stadtteils eine zeitgemäßen Sportarten gewidmete Anlage zu errichten. Herausgekommen ist der Sportgarten mit seinem reichhaltigen Angebot. Die Palette reicht von Beachvolleyball über Futsal, Inlinehockey und Klettern bis Parkour, Reiten und Tennis; insgesamt rund 20 Sportarten kann man erlernen und betreiben.

Der Sportgarten ist als eingetragener Verein organisiert, und seine Ziele gehen über das reine Sportvergnügen hinaus. Der Sporttreff bringt nicht nur die Jugendlichen der Stadt zusammen, sondern bündelt auch ihr Engagement für Projekte, die ihnen am Herzen liegen. Gerade machen sie sich stark für eine Skater-/Skateboard-Anlage im Postamt 5 mitten in der Stadt und, wenn alles klappt, steht sie ab Winter 2013/14 bereit. Man ist auch an der Planung einer Freizeitanlage in Südafrika beteiligt, die den Sportgarten in der Pauliner Marsch zum Vorbild hat.

Darüber hinaus will der Verein ein Bewusstsein für die Fragen und Probleme unserer Zeit wecken. Dazu gehören persönliches Engagement, Zivilcourage, Umweltthemen und Integration. Weder für diese Themen noch für den Sport im Garten muss man Mitglied oder jung sein. Mitglieder bekommen jedoch Rabatt, sogar in manchen Sportläden.

Adresse Sommerdeich 1 (gegenüber dem Jürgenshof), 28205 Bremen-Östliche Vorstadt | ÖPNV Bahn 3, Bus 22, Haltestelle Stader Straße/Hamburger Straße oder Georg-Bitter-Straße, 5 Minuten zu Fuß Richtung Weser, am Osterdeich nach Osten bis zum Jürgensdeich, dann Richtung Weser | Öffnungszeiten Di–Fr 14–22, Sa, So 11–22 Uhr | Tipp Eltern können von der Terrasse des Jürgenshof, Pauliner Marsch 1, bei einer guten Tasse Kaffee einen erholsamen Blick auf ein eingefriedetes Stück Marschland werfen. Vermutlich ist daraufhin ein Spaziergang angesagt, um die grasenden Tiere am Teich und auf der Weide aus der Nähe anzusehen.

92_Der Sportparksee Grambke

Die Idylle der Wassersportenthusiasten

Überlandleitungen hängen wie die Zeilen eines Musikheftes zwischen den Hochspannungsmasten. Am nahen Horizont quirlen große Windräder die Luft. An den abseitigen Uferböschungen ankern Entenfamilien mit ihrem halb flüggen Nachwuchs. Schwärme mit Winzlingsfischen fitschen über den Seeboden. Am Wassersaum des Nichtschwimmerstrands bauen Kinder Burgen aus Sand. Die Eltern spielen mit oder ruhen etwas zurückgesetzt im Schatten oder in der Sonne. Auf zwei Feldern, die etwas abgesetzt sind von der zentralen Liegewiese, spielen gemischte Mannschaften Strandvolleyball. Der Menschenandrang ist überschaubar. Auch an einem heißen Tag.

Weil der Wind nicht so oft oder unregelmäßig aufbrist, ist der See bei Windsurfanfängern sehr beliebt. Kitesurfen gilt wegen der nahen Hochspannungsleitungen als zu gefährlich. Es sind hier vom Kanufahren bis zum Segeln alle Wassersportarten anzutreffen. Ein Teil des Sees ist für Regatten ausgelegt. Ein Motorboot dürfen jedoch nur die Lebensretter und autorisierte Trainer benutzen. Auch Taucher kommen hierher zum Üben. Angler, die die Fischereiprüfung bestanden haben und einen Fischereischein besitzen, können einen Fischereierlaubnisschein beim Landesfischereiverband bekommen. In der ausgewiesenen Naturschutzzone des Sees ist Angeln jedoch tabu.

Entstanden ist der See durch Sandentnahme für den nahe gelegenen Industriepark. Er hat, wie viele Baggerseen, in fünf bis 15 Metern Entfernung vom Ufer eine Abbruchkante, vor der vor allem Nichtschwimmer gewarnt sein müssen. Er ist der größte See im Bremer Stadtgebiet, und zwar rund doppelt so groß wie der Uni-See. Seine Wasserqualität wird seit 2005 regelmäßig untersucht und gilt als gut. Zu schaffen macht die sich ausbreitende Kanadische Wasserpest, eine Alge, die regelmäßig gemäht werden muss, um die sportlichen Aktivitäten und den Einsatz der Retter von der DLRG-Station nicht zu gefährden.

Adresse An der kleinen Geest 9, 28719 Bremen-Grambke | ÖPNV Bus 90, 91, 92, 93 und 94, Haltestelle Am Geestkamp | Tipp Nordwestlich des Sees bis zur Lesum und zur Weser erstreckt sich das Naturschutzgebiet Werderland. Im nahen Dunger See darf nicht gebadet werden, weshalb er sich besonders gut für die Beobachtung von Wasservögeln eignet.

93_Die Stadtmusikanten

Eine märchenhafte Erfolgsgeschichte

Man kann sich schon fragen, wieso die Bremer Stadtmusikanten diesen Namen tragen, sind sie ja nicht einmal bis in die Stadt Bremen gelangt. Selbst das Lob, das sie dem Zielort ihrer Flucht aussprechen, könnte lapidarer nicht sein. Schlimmeres als der Tod könne sie dort auch nicht ereilen. Irgendwo auf dem Weg nach Bremen hat sich das schändlich ausgemusterte Haustierquartett schließlich im Quartier von durch sie zu Tode erschreckten Räubern niedergelassen und seither fehlt von der illustren Wohngemeinschaft jede Spur. »Und wenn sie nicht gestorben sind ….« Ihr musikalisches Können war, zugegeben, auch zum Davonlaufen.

Und dennoch ist mit ihrem Namen eine der erfolgreichsten PR-Geschichten des letzten Jahrhunderts verbunden. Und der Erfolg dauert ungebrochen an. Vermutlich wird keine Tiergruppe der Welt öfter fotografiert als die bronzene Tierpyramide an der Nordwestseite des Rathauses. Der Gründungsmythos der Stadt ist dabei in den Hintergrund getreten. Jedem Bremer Grundschüler wurde die Geschichte von einer Gluckhenne eingetrichtert, wonach versprengte Fischer eine neue Bleibe gründen wollten und sich auf der Bremer Düne niederließen, weil sie der dort im Gebüsch verschwundenen Glucke ein Gespür für den rechten Standort zutrauten.

Erst in den 1920er Jahren bekamen die vier Grimm'schen Tiergestalten auf Postkarten und durch Bernhard Hoetger als zaghafte Zutat auf einem Brunnen in der Böttcherstraße einen Platz in der Bremen-Werbung. Der geistige Nährboden für den Durchbruch war dadurch bereitet, dass das Märchen bis ins ferne Japan Vorlesestoff für Kinder ist. Als 1953 das zurückhaltend dimensionierte vertikale Quartett durch Gerhard Marcks unaufdringlich platziert worden war, gab es kein Halten mehr. Jährlich scheuern die Hände von Myriaden von Besuchern die Vorderbeine des Esels blank. So »… leben sie heute noch«: im Märchen, in Bremen, weltweit.

Adresse Am Markt, 28195 Bremen-Altstadt | ÖPNV Bahn 2 und 3, Haltestelle Obernstraße, Bahn 4, 5, 6 und 8, Bus 24 und 25, Haltestelle Domsheide | Tipp Wer die Originaltöne der Bremer Stadtmusikanten hören will, muss Münzen in ein kleines Loch auf dem Bremer Marktplatz in der Nähe der Bürgerschaft werfen (nebenbei wird damit die Wilhelm-Kaisen-Bürgerhilfe unterstützt).

94 Der Stadtwald

Ein Roland steht im Walde

Im Stadtwald kann man einfach so spazieren gehen. Dann sieht man zwar nicht alles, aber man muss ja auch nicht alles sehen. Manches kann man sowieso nicht sehen. Ist viel zu winzig. Und wenn man lärmt, sieht man nicht einmal ein Eichhörnchen. Wer sich jedoch die Augen ein wenig öffnen lassen möchte, folgt einem Naturlehrpfad, der an 15 plus zwei Stationen Wissenswertes über Pflanzen und Tiere im Stadtwald preisgibt. Was ein Wendehals ist, weiß seit 1990 wohl jeder. Aber was ist eine Wendezehe? Und hat der Wendehals eine? Nein, nicht der Gottlieb mit der Polonaise. Oder was ist das Kambium? Oder wie oft muss eine Biene ausschwärmen, um im Resultat ein Gramm Honig zu erhalten? Alles Fragen, die beantwortet werden, bis auf die mit dem Wendehals.

Etwas enttäuschend ist das Holzklangspiel, das aus etwa gleich langen und gleich dicken Stammstücken unterschiedlicher Baumarten besteht, weil man von einem Xylophon mehr Schwingungen und Resonanz gewohnt ist. Allein, die Stämme sind nicht ausgehöhlt, daher rührt der eher dumpfe, flache Klang. Es entschädigen die Vogelstimmen, dazu die Schmetterlinge, die lautlos auf Lichtungen tanzen, und mit etwas Glück die Rehe, die im Halbschatten knirschend äsen.

Wie nebenbei lernt man beim Abschlendern der Stationen die Vielfältigkeit des Stadtwalds kennen. Man überquert schmale Fleete, umrundet dunkle Tümpel und gelangt an satten Wiesen vorbei zu einem Aussichtspavillon. Er wurde 1909 nach Entwürfen von Gabriel von Seidl errichtet, hatte sein Vorbild im Chinesischen Turm des Englischen Gartens und wurde aus bisher unerklärten Gründen bald als »Judentempel« bezeichnet. Er ist jedoch geschlossen und hat nur kurz als Aussichtsturm gedient.

Vor der letzten Station steht plötzlich ein hölzerner Roland im Wald. Durch die Öffnungen in seiner Gürtelschnalle schwirren eifrig Arbeitsbienen ein und aus. Welche Mühe für ein Gramm Honig!

Adresse Parkallee, stadtauswärts gleich hinter der Bahnunterführung links, 28213 Bremen-Stadtwald | **ÖPNV** Bus 22, Haltestelle Munte | **Tipp** Dort, wo der Naturpfad beginnt, fängt auch eine Finnbahn an. Wer etwas für seine Physis tun will, kann hier seine Runden drehen. Der Parcours ist abends auch beleuchtet.

95 Die Stolpersteine

Das Pflaster zum Sprechen bringen

Der Kölner Künstler Gunter Demnig hat in der Bundesrepublik Deutschland ein Projekt angestoßen, das in Bremen von Gesellschaft und Politik generell begrüßt und gefördert wird. Vor den letzten Wohnstätten oder dem Arbeitsplatz der Opfer des deutschen Faschismus wird in das Pflaster ein Würfel von der Größe eines Kubikdezimeters eingelassen. Auf ihm sind die Namen, Daten und der Verbleib der jeweils Entrechteten, Geschundenen und Ermordeten in eine Messingplatte eingraviert. Bisher sind über 570 dieser Würfel im Stadtgebiet, einschließlich in Bremen-Nord, verlegt.

Auffällig ist die Häufung von Steinen vor einzelnen Gebäuden, die zu »Judenhäusern« deklariert worden waren und in die jüdische Bewohner eingewiesen wurden, denen man an anderer Stelle zunächst das Wohnrecht abgesprochen und bald die Wohnung genommen hatte. Meist war ein solches Judenhaus für seine Bewohner die letzte Station vor der von den Machthabern generalstabsmäßig durchgeführten Ermordung in den Konzentrations- und Vernichtungslagern. Dieser braune Staatsterrorismus hielt sich seine unsägliche Prinzipientreue sehr zugute und raubte selbst Kindern, Kranken und Greisen das Leben.

Über die Steine soll man gemäß dem Wunsch der Förderer nicht wirklich stolpern, sondern sich durch sie beim alltäglichen Gang durch die Straßen irritieren und ansprechen lassen. Gemeint ist damit sicher mehr als nur ein kurzes Zur-Kenntnis-Nehmen eines grausigen Schicksals. Wer sich anstoßen lässt, kann für die Bremer Stolpersteine unter www.stolpersteine-bremen.de für eine große Zahl der Opfer Kurzbiografien aufrufen. Darunter sind auch jene raren politischen Gegner des deutschen Faschismus dokumentiert, die ihren bei der Gestapo denunzierten Idealismus für eine bessere Gesellschaft und eine friedliche Zukunft mit dem Leben bezahlen mussten. Es waren nicht selten aufrechte Arbeiter und mutige Gewerkschafter.

Adresse in fast allen Stadtteilen | Tipp Der Bremer »sujet verlag« bringt zum Thema Bremer Stolpersteine eine sechsbändige Publikationsreihe heraus. Ein Schwerpunkt liegt auf biografischen Porträts der Opfer des deutschen Faschismus. Der Anfang wurde im September 2013 mit dem ersten Band über die Region Nord (Burglesum, Vegesack, Blumenthal, Ritterhude) gemacht.

96_Die Tauwerkfabrik

Da wollten Jeanne-Claude und Christo sichergehen

Der Auftrag begann mit einer unspezifischen Anfrage im Namen eines Mr. Javacheff. Was würden mehrere Kilometer Tau mit Durchmessern von bis zu 36 Millimetern kosten? Die Preise ließen sich leicht ermitteln, aber welche Stärke die Seile tatsächlich haben mussten, erforderte einen Versuchsaufbau. Dazu wurde auf dem Firmengelände ein Modell des Reichstagsgebäudes aufgebaut und der größte in Berlin denkbare Sturm simuliert. Im Resultat verwendeten Christo und seine Frau Jeanne-Claude bei der Verhüllung des Reichstags die optisch zierlichen, aber garantiert reißfesten Seile der Firma Gleistein aus Bremen-Nord mit der Stärke von 32 Millimetern. Christo war so angetan, dass er 2013 für seine Installation »Big Air Package« im Gasometer Oberhausen wieder auf die Seile von Gleistein vertraute.

Das Metier der Firma war nach ihrer Gründung 1824 durch Georg Gleistein und seinen Sohn die Belieferung der Berufsschifffahrt mit Tauwerk. Das versprach ein lukratives Geschäft, denn rund ein Fünftel der Gestehungskosten eines Frachtseglers entfielen auf Segel und Tauwerk. Wie eingangs dargestellt, sind längst neue Schwerpunkte und Sonderaufträge hinzugekommen. Ein wichtiges Standbein ist der Wassersport geworden. Mit Gleistein-Seilen war zum Beispiel die deutsche Yacht »Illbruck« bei ihrem Sieg im weltumspannenden »Volvo Ocean Race« 2002 ausgestattet. In jüngerer Zeit sind verstärkt Schleppsysteme und Vertäuungen von Offshoreplattformen mit Tauen dick wie Baumstämme hinzugekommen.

Die Firma, eine GmbH, wird noch immer als Familienbetrieb geführt. Zum Standort in Bremen-Nord ist 2007 eine zweite Fabrik in der Slowakei hinzugekommen, in der Standardseile gefertigt werden. In Bremen-Nord sind Spezialprodukte Trumpf. Eine große Rolle spielt dabei bis heute die Handarbeit: Erst die von Hand gespleißte Endverbindung macht das Industrieprodukt Seil in der Praxis einsetzbar.

Adresse Geo. Gleistein und Sohn, Heidlerchenstraße 7, 28777 Bremen-Rönnebeck, Führungen in Gruppen nach Anmeldung über Tel. 0421/6904949, Stichwort: »Betriebsführung« | **ÖPNV** mit der NordWestBahn bis Bahnhof Kreinsloger, dann zu Fuß oder bis Bahnhof Turner Straße, dann Bus 97 bis Haltestelle Am Knick | **Tipp** In der nach Georg Gleistein benannten Straße in Vegesack gibt es einen Handwerksbetrieb, in dem Seile gespleißt werden. Im Laden (Nummer 92) kann man bei der Arbeit zuschauen.

97_Das Theater 62

Die junge Welt zu Gast auf einer Bühne im Bunker

Bremer sind es von ihrem Vorzeigeverein gewöhnt, dass Spielleiter wie Otto Rehagel und Thomas Schaaf der Mannschaft den Weg zum Tor der grün-weißen Glückseligkeit 14 Jahre lang weisen dürfen. Das gilt in der Bundesliga als rekordverdächtig. Wenn man nicht zu beschäftigt wäre, könnte man im Theater 62 müde darüber lächeln. Michael A. Wenz ist seit der Gründung 1962 der Spielleiter. Damit nicht genug: Er ist zudem Regisseur, Schauspieler, Verwaltungsleiter, Cheftechniker – und, und, und. Ist das ein Rekord?!

Das Programm legt den Schwerpunkt auf Kinder- und Jugendtheater. Rund 20 Stücke umfasst das Repertoire, darunter die »Bremer Stadtmusikanten« und »Pippi Langstrumpf«. Für Große gibt es Komödien wie »Die Meyerdierks«, eine Bremer Familiengeschichte, oder »Der Trauschein« von Ephraim Kishon. International ist das Theater gut vernetzt. Partnerbühnen aus Polen, dem Baltikum und aus Sibirien haben seit Jahren Gastauftritte. Gegenbesuche und Auslandstourneen haben das Theater 62 bis in die Mongolei geführt. Jüngst begeisterten junge Theaterleute aus Krasnojarsk am Jenissej ihre noch jüngeren Zuschauer mit einem Kindervarieté der magischen Art.

Das Theater hat drei Spielorte in Bremen. Der skurrilste ist ein Bunker mit kleinen Kapazitäten. Selbst hinter der Bühne geht es eng zu. Der Fundus ist prall voll mit 600 Kostümen und 75 Bühnenbildern. Eine Wanderbühne erlaubt dem Theater, außer Haus aufzutreten. Jährlich kommt es zu 120 und mehr Vorstellungen. Im Theater sind drei Spielgruppen vereint: die Minis von vier bis zehn Jahren, die Junioren bis 17 Jahren und die darüber.

Zum sozialen Anliegen des Theaters gehören Auftritte in Jugendstrafanstalten, auch im Ausland, und Transporte von Hilfslieferungen in die besuchten Städte. So sind in 30 Jahren Güter im Wert von über fünf Millionen Euro an Sozialeinrichtungen, Krankenhäuser und Alten- und Kinderheime überbracht worden.

Adresse Lessingstraße 12, 28203 Bremen-Steintor | ÖPNV Bahn 2, 3 und 10, Bus 25, Haltestelle St.-Jürgen-Straße | Tipp Als weiteres Kinder- und Jugendtheater sei auf das Moks, die vierte Sparte des Theaters am Goetheplatz, hingewiesen. Hier werden die jungen Besucher gern auch ins Spiel einbezogen.

98 Der Torfhafen

Aus dem Moor in die Mitte der Stadt

Auf alten sepiafarbigen Bildern kann man schwarze Schiffe mit dunklen Segeln auf engen Kanälen durch flache Landstriche gleiten sehen. Sie haben Torf geladen, den die Moorbauern nach Bremen schippern, um ihn als Brennstoff zu verkaufen. Was so idyllisch erscheint, war harte Knochenarbeit.

In der Mitte des 18. Jahrhunderts wurde Jürgen Christian Findorff (1720–1792) vom Kurfürsten von Hannover beauftragt, die Kolonisierung der Moorgebiete zwischen Hamme und Wümme zu leiten. Die Aussicht auf ein eigenes Stück Land von über 50 Morgen lockte mittellose Knechte und Mägde an. Sie waren von der Steuer befreit, sofern sie nach einem Jahr auf dem zugeteilten Land ein festes Haus statt der provisorischen Moorkate errichtet hatten. Zudem brauchten die Männer keinen Wehrdienst abzuleisten. Ihre Starthilfe bestand aus Getreide, Obstbäumen und Bauholz. Als Gegenleistung mussten sie Kanäle zur Entwässerung und als Verkehrswege anlegen und unterhalten. Sie stachen Torf, dessen Verkauf zunächst ihr einziges Einkommen war. Das war mühsam, weil sie bei der Arbeit stundenlang im kalten Wasser standen, der Erlös für ihren Torf zu wenig reichte und sie ihren Torfkahn abzuzahlen hatten. Viele blieben zeitlebens im Teufelskreis dieser Existenz gefangen. Der biblisch anmutende Spruch der Moorbauern lautete denn auch: Den Ersten sien Doad, den Tweten sien Not, den Dridden sien Broad.

Die Schiffe am Torfhafen in Findorff sind Nachbauten jener Kähne aus dem Teufelsmoor, denn die Originale wurden gegen Ende des 19. Jahrhunderts von der Eisenbahn aus dem Feld geschlagen. Die heutigen Kapitäne, die statt Torf Touristen schippern, haben sich den Umgang mit den Booten und das Wissen über das Leben im Moor in Schulungen eines Beschäftigungsträgers beigebracht. Der Torfhafen ist das eingeschrumpfte Relikt eines Umschlagplatzes, an dem einst ganze Flotten von Kähnen täglich an- und ablegten.

Adresse Ecke Eickedorfer Straße/Findorffallee, 28215 Bremen-Findorff | **ÖPNV** Bus 26 und 27, Haltestelle Findorffallee | **Tipp** An Sommerwochenenden kann man von 10 bis 18 Uhr am Torfhafen Kanus ausleihen. Für eine Fahrt mit dem Torfkahn informiert man sich unter www.torfkaehne-bremen.de. Zum Abhängen am Hafen stehen ein Biergarten, ein Lokal mit Sommergarten und eine Eisdiele zur Verfügung.

99_Das Überseemuseum

Exotik im Fokus neuer Sichtweisen

Den Anstoß, ein Museum dieser Dimension zu bauen, gab 1890 eine vom Publikum begeistert aufgenommene Handels- und Kolonialabteilung innerhalb der Nordwestdeutschen Industrie- und Gewerbeausstellung, wo Bremer Kaufleute ihre exotischen Mitbringsel aus aller Welt zeigten. Sechs Jahre später weihte man bereits das an den Klassizismus anknüpfende Museumsgebäude mit seinem großen Lichthof ein. Noch vor dem Ersten Weltkrieg wurde es um einen zweiten Lichthof auf den doppelten Umfang vergrößert. Die damalige Begeisterung für die Exotik hatte ihre dunkle Seite. Es war eine Zeit, in der man nichts dabei finden wollte, Menschen aus den eroberten Kolonien nach Europa zu verfrachten und in an die Sensationsgier der Betrachter appellierenden Völkerschauen der hiesigen Einwohnerschaft wie Zebras im Zoo vorzuführen. Der kolonialistische Blick auf das Fremde und die Fremden galt als selbstverständlich.

Im Dritten Reich wurde der koloniale Aspekt und die darin eingeschlossene Überlegenheitsideologie des weißen Mannes noch um »rassehygienische« Anschauungen erweitert und radikalisiert. Nach 1945 kam irgendwann ein Zweifeln auf, ob das Museum einfach so in alter Form fortgeführt werden sollte. Man begann damit, die Geschichte des Kolonialismus und Rassismus aufzuarbeiten und durch fundierte Sonderausstellungen einen neuen Blick auf die Menschen der Welt und ihre Lebensbedingungen zu etablieren. Den neuen Sichtweisen fiel manches klischeehafte Diorama zum Opfer: ein Verlust, der ohne falsche Nostalgie betrachtet einen Gewinn an Erkenntnis und an Humanität bedeutet.

Das Überseemuseum ist heute ein lebendiger Treffpunkt der Kulturen. Allein die Konzerte im großen Lichthof mit Musikern aus aller Welt sind ein Ohren- und Augenschmaus. Zu besonderen Anlässen spielt ein Gamelanorchester, das sich aus begabten Laien konstituiert hat, auf museumseigenen Instrumenten.

Adresse Bahnhofsplatz 13, 28195 Bremen-Bahnhofsvorstadt | ÖPNV fast alle Linien, Haltestelle Hauptbahnhof | Öffnungszeiten Di–Fr 9–18, Sa, So 10–18 Uhr | Tipp Nahebei, im dritten Stock des Cinemaxx, gibt es einen Übergang ins Übermaxx, ein auf 2.000 Quadratmeter und drei Stockwerke ausgelegtes Schaumagazin mit nummerierten Exponaten, zu denen man via Computer Erklärungen abrufen kann.

100 Der U-Boot-Bunker Valenti[n]

Das manifeste Grauen in Stahlbeton

Ein Panzerspähwagen rumpelt durch das Trümmergelände der ehemaligen Produktionshallen, ein nackter Reiter sprengt aus dem Dunkel heran, Schüsse fallen. Einen apokalyptischeren Ort hätte Johann Kresnik für Karl Krausens »Die letzten Tage der Menschheit« kaum finden können.

Der für dieses einmalige Theaterprojekt genutzte Schauplatz war ehedem das Prestigeobjekt der Kriegsmarine des Dritten Reiches. 1942 wurde beschlossen, eine bombensichere U-Boot-Werft für ein schnelleres, länger tauchfähiges und schwerer zu enttarnendes U-Boot vom Typ XXI zu bauen. Die Wahl fiel auf die Flussidylle bei Farge. Mit 426 Metern Länge, bis zu 97 Metern Breite, 33 Metern Höhe und bis zu sieben Meter dicken Decken und Wänden entstand eines der massivsten Gebäude der Welt. Kurz vor der Fertigstellung wurde es im März 1945 bombardiert, eine unfertige Stelle im Dach wurde durchschlagen. Keinen Monat später standen die Westalliierten vor Bremen. Damit waren die Bauarbeiten zu Ende, ohne dass je ein U-Boot die gigantische Werft verlassen hätte.

Weil sich zunächst kein Nutzer fand, eroberte bald ein Biotop aus Buschwerk und Bäumen, Turmfalken und Dohlen die Ruine. Schließlich überließ man den Bunker der Bundeswehr als Materialdepot. Jetzt wurde entschieden, ihn in einen Ort der historisch-politischen Bildung zu verwandeln. Im Laufe der Zeit rückte nämlich eine weitere Monstrosität dieses Bauwerks ins Bewusstsein der Stadt: Der Bunker Valentin war weitgehend von Zwangsarbeitern, Kriegsgefangenen, KZ-Häftlingen und Gefangenen aus einem »Arbeitserziehungslager« der Gestapo in mörderischer Knochenarbeit errichtet worden. Rund 10.000 Menschen hatten gleichzeitig wie Sklaven auf der Baustelle geschuftet. Weit über 1.000 von ihnen gingen dabei zugrunde. Das 1983 von Fritz Stein errichtete Mahnmal »Vernichtung durch Arbeit« erinnert an die zu Tode geschundenen Häftlinge.

Adresse Rekumer Siel 1, 28777 Bremen-Rekum | ÖPNV mit der Bahn vom Hauptbahnhof Bremen nach Vegesack, danach Bus 71 bis Haltestelle Rekumer Siel | Tipp Der Bunker lässt sich auf einem längeren Spaziergang umrunden, wobei die ursprüngliche Schönheit der Flussaue ins Auge fällt. Wer sich darüber informieren will, was am neu eingerichteten Denkort geschieht, oder an einer Führung teilnehmen möchte, klicke sich im Internet ein unter www.denkort-bunker-valentin.de.

101 Der Uni-See

Die Nackten und Schönen

Manche Menschen fühlen sich erst textilfrei richtig frei. Für sie gibt es am Uni-See einen diskret durch Bäume und Büsche eingefriedeten Strandabschnitt mit Liegewiese. Hier gilt: nichts muss und nicht alles kann oder darf. Auch Totaltätowierte und Teiltextilierte werden toleriert. Der Waschbrettbauch ist ebenso wenig Pflicht wie der Bierbauch oder die körpereigenen Speckschwimmrollen. Kommen aber locker vor. Wenige sind sichtbar verschämt, noch weniger offen unverschämt. Das Spannerunwesen scheint sich ziemlich bedeckt zu halten. Die potenziell Bespannten bleiben entspannt und befolgen den spätbremisch-bayrischen Grundsatz: Nicht einmal ignorieren tun wir sie. All dies sorgt für eine gelassene Selbstverständlichkeit beim Baden im See und unter der Sonne.

Offiziell heißt der Uni-See Stadtwaldsee, aber diesen Namen kennt nicht jeder. Er ist ein Baggersee, dessen Ursprung von der Bodenentnahme beim Ausbau der A 27 und der nahe gelegenen Universität in den frühen 1970ern herrührt. Die tiefste Stelle beträgt 15 Meter. Durch den Lilienthaler Salzstock hat er einen leichten Salzgehalt. Die Wasserqualität hat das Prädikat gut. Bei starker Veralgung wird der See für den Badebetrieb gesperrt. Am Ostrand gibt es einen Sandstrand, der sanft ins Wasser abfällt. Der Nichtschwimmerbereich ist an dieser Stelle durch ein Gitter abgegrenzt, der Schwimmerbereich durch Bojen markiert. Eine archimedische Schraube am Ufer wartet auf spielende Nutzer.

Am Westufer trifft man vereinzelt Schwimmer an, aber auch Angler. Hier, in einem Winkel ist der Zugang für Windsurfer. In der Regel kommen sich Schwimmer und Surfer nicht ins Gehege, weil der See mit über 28 Hektar eine ziemlich große Fläche besitzt. Von einer Rettungsstation am südlichen Ufer aus werden Schwimmer und Surfer im Auge behalten. Bei plötzlichem Aufbrisen muss das Rettungsboot schon mal öfter ausrücken, um havarierte Surfer ins Boot zu holen. Decken und Tee tun danach besonders gut.

Adresse nördlich hinterm Stadtwald, 28213 Bremen-Lehe | ÖPNV Bus 22 und 28, Haltestelle Wiener Straße, zu Fuß am Haus am Walde vorbei | Tipp Am Nordufer befindet sich ein gutes Lokal mit einer herrlichen Terrasse über dem Wasser. Dahinter befindet sich der mehrfach ausgezeichnete Campingplatz mit allem erwünschten Komfort.

102 Die Universität Bremen

Vom sozialen Experiment zur anerkannten Exzellenz

Die Bremer Uni liegt hinter einem breiten Grüngürtel abseits des Zentrums, so als führte sie ein Eigenleben unabhängig von der Stadt. Beim näheren Hinsehen entdeckt man jedoch sofort die enge Verflechtung von Uni und Bremen, sprich: globale Wirtschaft. Um die Uni herum hat sich mit dem Technologiepark ein eigenes Stadtviertel ausgebreitet, in dem sich Weltfirmen und Denkfabriken, insgesamt über 50 Forschungsinstitute, angesiedelt haben, darunter auch der weithin sichtbare Fallturm. An der Uni ist man stolz auf die florierende Zusammenarbeit. Bundesweit gehört die Uni zu den besten elf ausgezeichneten Unis. Obwohl diese Entwicklung in den umstrittenen Anfängen der Uni von kaum jemandem so erwartet wurde, entbehrt sie nicht der Folgerichtigkeit.

Mit der Gründung (1971/72) sollten die als autoritär und weltfremd gebrandmarkten Strukturen der traditionellen Alma Mater durch eine realdemokratische und praxisorientierte Hochschule ersetzt werden. Berühmt wurde die Drittelparität, die Studenten und Dienstleistern die Mitbestimmung zubilligte. Nachdem der Impetus der als diffus revolutionär gegen die bestehende Grundordnung gerichteten Studentenbewegung weggefallen war, blieb von der scherzhaft als »Marx-und-Moritz-Uni« bezeichneten Lehranstalt der mit der wirtschaftlichen Praxis kooperierende Moritz übrig. Wo anarchische Wandsprüche wie »Lieber Bier schleppend als staatstragend« jahrelang den Gang über den Uni-Boulevard begleiten konnten, ist eine nüchterne Ausrichtung auf die individuelle Karriere studentischer Alltag. Die »Rote Kaderschmiede« ist Geschichte. Wer im neuen Glashaus geht und steht, stößt sich zwar an den Engpässen von Raum und Personal, aber das Flair, das über den Boulevard weht, ist weitgehend von der gewonnenen Exzellenz geprägt. Bis auf den gestürzten Radrennfahrer, der sich am Ende des Boulevards halb am Boden abmüht. Er ist weit mehr Symbol für den heutigen Radsport als für die Bremer Uni.

Adresse Bibliothekstraße 1, 28359 Bremen-Horn-Lehe | ÖPNV Bahn 6, Bus 21, 22, 28 und 31, Haltestelle Universität Zentralbereich | Tipp Am GW2 gibt es ein asiatisch angehauchtes Lokal mit einem kleinen Außenbereich, der auch über vier Strandkörbe verfügt. Das »Café Unique« hat studentische Kost zu angemessenen Preisen.

103 Das Universum

Wo Wissenschaft Erstaunen schafft

Wer an der Uni vorbei auf den Stadtwald zufährt, begegnet einem echten Hingucker. Für die einen sieht das silbrig glänzende Ellipsoid mit seiner aus 40.000 Edelstahlschindeln zusammengesetzten Außenhaut wie eine gestrandete Riesenmuschel aus, die sich gerade einen Spaltbreit öffnet – nämlich da, wo ringsum eine Fensterfolge eingefügt ist –, für die anderen wie ein Wal, dessen Bewegung in dem Augenblick einfriert, in dem sich sein massiger Körper aus dem Wasser erhebt.

Die einprägsame Architektur beherbergt ein naturwissenschaftliches Zentrum für Wissbegierige und solche, die es werden sollen, mit über 300 Mitmachstationen, die den drei großen Themen Mensch, Erde und Kosmos gewidmet sind. Seit seiner Öffnung zur Jahrtausendwende kamen jährlich bis zu einer halben Million Besucher, darunter viele Schulklassen. 2007 wurde das von Uni-Professoren angestoßene, aber privat betriebene Erfolgsprojekt um einen Gebäudekubus für wechselnde, aufwendig gestaltete Ausstellungen und um einen Erlebnispark mit einem Windturm erweitert.

Erreicht werden soll, dass sich in der Bevölkerung und speziell auch bei Jugendlichen ein stärkeres naturwissenschaftliches Interesse entwickelt. Daher werden die Besucher immer wieder mit besonderen Phänomenen aus den drei Themenkomplexen in Erstaunen versetzt, man lässt sie eine neue sinnliche Erfahrung machen oder spornt ihren Entdeckertrieb an. Für den, dessen Interesse geweckt ist, steht Auskunftspersonal bereit. Derjenige, dem es unpersönlich lieber ist, kann sich der vorhandenen medialen Mittel bedienen, um seine Wissbegierde zu befriedigen.

Sosehr der Wal (die Muschel) den Bremern mittlerweile als Bestandteil des Stadtbilds selbstverständlich geworden ist, so unruhig werden sie, wenn plötzlich rückläufige Besucherzahlen gemeldet werden. Denn keiner möchte den Anblick des nachts besonders schön schillernden Augenschmeichlers mehr missen müssen.

Adresse Wiener Straße 1a, 28359 Bremen-Horn-Lehe | ÖPNV Bahn 6, Haltestelle Universität-NW1, Bus 22 und 28, Haltestelle Wiener Straße (direkt vorm Haus) | Öffnungszeiten Mo–Fr 9–18, Sa, So und Feiertage 10–18 Uhr | Tipp Wer sich im Universum einen guten Appetit angeforscht hat, kann ihn vorzüglich im Restaurant »Campus« des Atlantic Hotels nebenan stillen. Für den kleinen Hunger oder Kaffee ist auf dem Gelände des Universum gesorgt.

104_Die Waldbühne

Nostalgisches im Pavillon des Fin de Siècle

Mit einem kleinen Schifferklavier vor dem Körper kommt Stefanie Golisch wiegenden Schrittes durch den Schankraum auf das niedrige Podest der Bühne. Die Bremer Mezzosopranistin singt dort, wo während der kalten Jahreszeit normalerweise Dixie, Oldtime-Jazz und Swing aus New Orleans oder Chicago von norddeutschen Bands gespielt werden, Lieder und Chansons aus dem Repertoire der unvergessenen Lale Andersen. Die Krönung des Abends ist ihr vom Publikum mitgesungener Welt- und Weltkriegsschlager »Lili Marleen«, von dem die Bremer Sängerin auch die erste, kaum bekannte, gefühlvollere Version ausgegraben hat und zum Besten gibt.

Das Ambiente der Waldbühne lädt selbstredend zu solchen nostalgischen Rückblicken auf die musikalische Vergangenheit ein. Die Wände sind mit den bunten, blechernen Reklameplaketten der vermeintlich grauen Internetvorzeit übersät. Einen Fuß hohe Werbefiguren von schwarzen Jazzmusikern säumen ein Bord unter der Decke. Das Gebäude selbst ist der einzige von einer Gewerbe- und Industrieausstellung am Ende des 19. Jahrhunderts übrig gebliebene Pavillon, der nach Form und Ausstattung den unbestimmten Hauch des damaligen Fin de Siècle in unsere Zeit gerettet hat.

In der warmen Jahreszeit gehört die Waldbühne zu den beliebtesten Biergärten in Bremen. Für viele Bürger beginnt ein festlicher Sommersonntag seit Jahrzehnten mit dem Jazzfrühschoppen an der Waldbühne. Von Anfang Mai bis Ende September schallen sonntags ab 11 Uhr bis in die Mitte des Nachmittags hinein die schwungvollen Melodien mit ihren treibenden Rhythmen durch den Park. Man bestellt das erste Bier des Tages vom Fass, isst etwas Herzhaftes, plauscht mit Verwandten, Freunden und Bekannten und lauscht den Klängen einer Oldtimer-Band aus Bremen und umzu. Auch an Tagen ohne musikalische Untermalung legt man hier gerne eine Rast ein und sitzt in der gehegten Natur bei einem guten Tropfen, bis die Sonne sinkt.

Adresse Parkallee, 28209 Bremen-Bürgerpark | **ÖPNV** Bahn 8, Haltestelle Kulenkampffallee, Bus 22, Haltestelle Parkallee | **Tipp** Vergleichbar ist das »Haus am Walde«, das stadtauswärts jenseits der Bahnlinie und am Rand des Stadtwaldes liegt. Es zieht regelmäßig ein großes Publikum durch stimmungsvolle abendliche Sommerkonzerte in seinem großen Biergarten an.

105 Der Waller Friedhof

Gegensätze über Gräbern

Der Waller Friedhof liegt wie eine grüne Lunge in einem traditionellen Arbeiterviertel. Bis auf einige Ausnahmen wie das neogotische Grabmal des Baron Knoop, des Begründers der russischen Textilindustrie, sind die Gräber eher unauffällig gehalten. Einfach ein großer Park mit Gräbern, möchte man meinen. Doch er ist der politischste der großen Friedhöfe. Hier ruhen nicht nur Soldaten des Ersten und Bombenopfer des Zweiten Weltkriegs, sondern auch die Toten eines antagonistischen gesellschaftlichen Widerspruchs.

Einer Seite dieses Widerspruchs ist alljährlich im Februar eine Gedenkfeier gewidmet. Parteien und Gruppierungen des linken Spektrums versammeln sich, um der 29 toten Verteidiger der kurzlebigen Bremer Räterepublik von 1919 zu gedenken. Als Höhepunkt gilt eine Zusammenkunft am Ehrenmal links der Mitte des Friedhofs. Zum 90. Jahrestag, als der ehemalige Bürgermeister Koschnik eine Gedenkrede halten sollte, wurde das jedoch von einigen Gruppen zum Anlass genommen, Tage später eine eigene Gedenkfeier zu veranstalten.

Das ursprüngliche Ehrenmal schuf Bernhard Hoetger. Seine ausdrucksstarke Pietà wurde 1922 vor mehreren Tausend Personen enthüllt. Da den Nazis weder die Ausführung noch der Anlass des Gedenkens passte, wurde sie nach 1933 zerstört. Als nach 1945 das Gedenken an die Toten der Räterepublik wieder einsetzte, drangen SPD, Gewerkschaften, KPD und Organisationen der Verfolgten des Naziregimes auf ein neues Ehrenmal. 1972 wurde von Georg Arfmann eine rätselhafte Skulptur aus Michelnauer Tuff errichtet. Symbolisiert ihr rötliches Lavagestein die Revolution oder ihr Erkalten?

Keinen Steinwurf davon entfernt erinnert ein Ehrenmal an die Toten der Feinde der Räterepublik, an die »Division Gerstenberg« und das »Freikorps Caspari«, die im Auftrag der SPD-geführten und mit den alten Eliten verbündeten Reichsregierung die Räte mit Waffengewalt entmachteten.

Adresse Im Freien Meer 32, 28219 Bremen-Walle | **ÖPNV** Bahn 2 und 10, Haltestelle Waller Friedhof | **Tipp** Der mit dem Bremer Literaturpreis für seinen Roman »Ästhetik des Widerstands« ausgezeichnete Peter Weiss erzählt darin mit viel Lokalkolorit die Auseinandersetzungen um die Bremer Räterepublik (ab Seite 98 der edition-suhrkamp-Ausgabe von 1983). Ein Abbild der Hoetger'schen Pietà ist auf dem Bunkergemälde am Pastorenweg zu sehen.

106 Das Wasserschöpfwerk

Das Abflussventil in der Badewanne des Blocklands

Die Bremer Deiche gehören zu den schönsten Fahrrad- und Skaterrouten der Stadt. Wer die Blocklandtour am Dammsiel nach Westen über Wasserhorst (der Ort hat für Skater ein holpriges Pflaster) hinaus verlängert, erreicht an der Lesum eine äußerlich unscheinbare moderne Anlage im Bereich eines großen Windrads. Um die Ruine eines kleinen Backsteingebäudes dahinter sind ausrangierte Maschinen platziert, die ein Stück Bremer Siedlungsgeschichte mitgeschrieben haben.

So ziemlich der ganze Bremer Osten konnte nur deshalb bewohnbar werden, weil sich die Bauern im Blockland darüber beschwert hatten, dass sich ihre Wiesen selbst im Sommer so mit Wasser vollsogen, dass an eine auskömmliche Landwirtschaft nicht zu denken war. Der Senat beschloss, durch eine hydrotechnische Großtat Abhilfe zu schaffen. Hatte es im Mittelalter durchaus Versuche gegeben, das Blockland mittels Windkraft trockenzulegen, so sollte diesmal ein Schöpfwerk mit modernsten industriellen Mitteln, das hieß dampfbetrieben, errichtet werden. Von 1862 bis 1864 werkelten bis zu 500 Arbeiter am Entwässerungswerk und dem Ausbau der Fleete. Den großen Zubringer nannten sie Maschinenfleet. 120 Jahre lang tat das Schöpfwerk seinen Dienst. Die stillgelegten, halb geöffneten Schleusentore, durch die bei Ebbe – damals wie bei dem neuen Schöpfwerk – das Wasser aus dem Maschinenfleet in die Lesum aufgrund des Gefälles abfloss, kann man neben der museal aufbereiteten Ruine noch gut erkennen.

Das neue Schöpfwerk aus den Jahren 1984–87 hat vier elektrisch betriebene Pumpen, die rund 140 Badewannen voll Wasser innerhalb einer Sekunde in die Lesum ausschütten können. Da erfahrungsgemäß bei auflaufendem Wasser auch der Wind stärker weht, nutzt man die Windkraft, um die Energiekosten gering zu halten. Mit den mittelalterlichen Windmühlen haben die großen Flügel kaum noch das Prinzip gemeinsam.

Adresse am Lesumdeich zwischen Wasserhorst und der A 27 | ÖPNV mit dem Zug vom Hauptbahnhof Bremen bis zum Bahnhof Burg, per pedes, Rad oder Skates über die Lesumbrücke und dann links über die Gleise an der Lesum entlang unter der Autobahnunterführung hindurch | Tipp Lesumabwärts über den südlichen Deich erreicht man das Lesumsperrwerk, einen weiteren Mosaikstein im Deichschutzwesen des östlichen Bremen. Wenn auch selten benutzt, ist hier ein weiteres Schöpfwerk integriert.

107 Der Wasserturm

Was macht man mit einer »umgedrehten Kommode«?

Wer auf der Altmannshöhe steht und auf die andere Weserseite schaut, sieht, was im Volksmund die »umgedrehte Kommode« heißt. Ein Blick auf die Ecktürme reicht zur Erklärung. Das Backsteingebäude verrät durch sein zinnenbewehrtes, burgartiges Äußeres wenig über seine Funktion. Es ist ein im neogotischen Stil gebauter Wasserspeicher, der 1873 für zunächst 2.000 Haushalte in Betrieb ging. Er löste die Wasserentnahme durch ein Schöpfrad aus dem Fluss ab. Ein Sandfilter reinigte das Weserwasser, das durch Dampfkraft in die Stahltanks im Gebäude gepumpt wurde. Die beiden Tanks waren für zwei Millionen Liter ausgelegt. Der Ort zwischen Weser und Kleiner Weser wurde gewählt, um die Abwasser des Werks in die Kleine Weser einzuleiten. Es dauerte zehn Jahre, bis die Hälfte der Haushalte einen Wasseranschluss hatte, und erst 1908 war ganz Bremen am Netz. Wasseruhren in den Häusern maßen dann bereits die verbrauchten Wassermengen, damit individuell abkassiert werden konnte. Von den vier Ecktürmen dienten zwei als Schlote für die Dampfmaschinen, in einem war das Röhrensystem und im vierten das Treppenhaus untergebracht.

Seit den 1980er Jahren wurde auf Weserwasser gänzlich verzichtet. Auch aus Stauseen kommt heute kein Wasser mehr in die Haushalte, nur noch Grundwasser, davon 40 Prozent aus dem Harz. 1983 ging die »Kommode« außer Betrieb. Beck's speicherte noch eine Weile Harzwasser für die Brauerei, bis 2008 der letzte Tank geleert wurde. Wo die zur Erinnerung abgefüllten 100 Flaschen aus dieser Leerung verblieben sind, ist den Eingeweihten vermutlich klarer, als was mit dem Gebäude geschehen soll. Museum? Theater? Büros? Die Umgebung ist jedenfalls trotz manchem Unmut zur Bebauung mit Luxusimmobilien freigegeben, und die Investoren haben bereits kräftig zugeschlagen. Ein Lokal mit Glashaube auf dem Dach des Wasserturms und einen Außenlift hat der Denkmalschutz abgelehnt. Die Spannung steigt.

Adresse Werderstraße 101, 28199 Bremen-Stadtwerder | **ÖPNV** Bahn 4, 5, 6 und 8, Haltestelle Wilhelm-Kaisen-Brücke, zu Fuß wenige Minuten auf der Weserinsel flussaufwärts | **Tipp** Besichtigungen im Wasserturm sind zurzeit nicht vorgesehen. Auf der Weserseite kann man nach einem Spaziergang durch das Vorzeigeneubaugebiet in einem umgebauten Pumpenhaus mit schönem Blick (»Bella Vista«) speisen oder im Sommer einen Cocktail im »Beach Club« daneben nehmen.

108_Das Weser-Stadion

An der Stätte der Wunder

In der Vergangenheit durfte man sich in der Arena an der Weser manchmal eher wie in der Sagrada Família als wie in einem Camp Nou vorkommen, so viel wurde gebaut und umgebaut. Ob es damit nun gut ist, wird sich zeigen. Seit 1947 ist das Weser-Stadion der alleinige Heimspielort des SV Werder Bremen. Bis heute hat es seinen Namen behalten, auch wenn mit einem millionenschweren Zubrot aus der Werbung geliebäugelt wird. Die Umbauarbeiten haben dazu geführt, dass das Stadion 42.500 Zuschauer aufnehmen kann und bei internationalen Spielen etwas mehr als 37.000 Zuschauern Platz bieten darf. Faktisch ist es seit der Absenkung des Innenraums 2002 ein reines Fußballstadion geworden, in dem Musikveranstaltungen nur noch selten stattfinden.

Der letzte Umbau, der 2011 vollendet wurde, hat dem Stadion ein in sich stimmiges neues Gesicht gegeben. Ein fast umfassender Glaskegelstumpf wird von den zum Stadtbild gehörenden vier Flutlichtmasten überragt. Alle Tribünen sind in einer Breite von bis zu 60 Metern überdacht. Die gesamte Außenhaut besteht aus einer ästhetisch ansprechenden Photovoltaikanlage, die aus nahezu 200.000 Solarzellen gebildet wird, sodass das Stadion energieeffizient aufgestellt ist. Die Fläche der Anlage hat zusammengerechnet das Ausmaß von zwei Fußballfeldern. Es war zur Zeit der Installierung die größte an einem einzigen Gebäude angebrachte Anlage weltweit. Neu war auch, dass für die Solarzellen kein Glas verwendet wurde, sondern dass Kunststoffmodule benutzt wurden, die 60 Prozent leichter sind als Glas. Je nach konsultierter Quelle erzielt die Anlage eine Leistung von 750.000 bis zu einer Million Kilowattstunden im Jahr. Damit ist das Stadion Selbstversorger.

Der technische Rahmen stimmt also. Aber die Wahrheit liegt auf dem Platz. An der Weser gab es immer wieder spielerische Wunder. Auf solche warten die Fans in der modernisierten grün-weißen Arena noch.

Adresse Franz-Böhmert-Straße 1, 28205 Bremen-Peterswerder | **ÖPNV** Bahn 2, 3 und 10, Haltestelle St.-Jürgen-Straße, dann zu Fuß Richtung Weser | **Tipp** Wer die maßgeblichen Wunder an der Weser nacherleben will, ist im Wuseum (täglich von 10–17.45 Uhr geöffnet), dem Werder-Museum im Stadiongebäude, bestens aufgehoben. Neben all den Memorabilien, einschließlich eines auch in Hamburg gut bekannten Papierknäuels, gibt es ein zwei Stunden langes Video, das von Werder und seinen Wundern kündet.

109 Das Weserwehr

Ein Herz für wandernde Fische und andere Nomaden

Die Regulierung eines Flusses, um seine Schiffbarkeit zu gewährleisten, ist eine schwierige Aufgabe. Der Bau eines Wehrs an der Weser oberhalb des Bremer Stadtzentrums muss nicht nur die periodischen und sporadischen Hochwasser aus dem Binnenland berücksichtigen. Vielmehr sind es Ebbe und Flut der Nordsee, die zweimal täglich rund vier Meter Hubdifferenz bewirken, obschon es bis zum Meer noch über 60 Kilometer sind.

Das neue Wehr von 1993 ist das Produkt des umfassendsten Bauvorhabens in Norddeutschland im Bereich der Wasserwirtschaft nach dem Zweiten Weltkrieg. Es ersetzt ein 1911 errichtetes Wehr, das durch die von Ludwig Franzius vorgenommene Weserkorrektion notwendig geworden war, um den Wasserstand der Mittelweser auf Niveau zu halten. Der neue Bau wurde mit fünf 30-Meter-Segmenten errichtet und erforderte zusätzlich die Einrichtung von Schleusen für den Schiffsverkehr und Transitwege für Fische. Seit 2012 ist zudem ein Wasserkraftwerk am rechten Ufer in Betrieb, wobei man geschickt die Strömung im Weserbogen ausnutzt.

Für den Schiffsverkehr hat man sich für zwei Schleusen entschieden: eine für Freizeitsportler, die eine Kammer von 25 Metern nutzbarer Länge hat, und eine für den gewerblichen Verkehr mit 225 Metern Kammerlänge. Von der leicht schwingenden Fußgängerbrücke kann man die bis zu 50 Minuten dauernden Schleusenmanöver gut verfolgen. Der Fischpass an der linken Weserseite zwischen Fluss und Schleusen ermöglicht den Fischen, über vier Fischtreppen das Wehr zu passieren. Es ist nicht ganz leicht, dabei einen Fisch zu erspähen. Als besonders ingeniös gilt der zweite am Kraftwerk installierte Mehrweg-Fischpass. Ein Rechen mit eng gesetzten Stäben hält beispielsweise die abwärtsschwimmenden Fische davon ab, in den Turbinenkanal zu gelangen, und, falls es dennoch geschieht, drehen sich die Turbinen für die Fische laut Betreiber behutsam genug.

Adresse Hastedter Osterdeich, 28207 Bremen-Hemelingen | ÖPNV Bahn 3, Haltestelle Weserwehr | Tipp Das linke Ufergelände am Weserwehr wurde in einen erholsamen Landschaftspark verwandelt und erlaubt einer Kolonie von Saatkrähen, auf einem kleinen bewaldeten Areal ihr Spektakel zu veranstalten. Das Weserschlösschen in der Nähe soll demnächst als Lokal saniert werden und auch einen Biergarten bekommen.

110 Wilhelm Wagenfeld Haus

Formschöne Dinge für einen gepflegten Alltag

Sie hätten gerne eine feuerfeste Teekanne aus farblosem Glas mit einem Einsatz aus demselben Material als Teesieb? An Ihrer Tafel fehlt eine zeitlos schöne Tischleuchte? Kein Problem, das Wilhelm Wagenfeld Haus hält diese seit über 75 Jahren mit anhaltendem Erfolg produzierten Gegenstände des täglichen Gebrauchs für Sie bereit. Ihr Schöpfer, Wilhelm Wagenfeld (1900–1990), gehört zu den einflussreichsten Pionieren der modernen Produktgestaltung, dessen reiches Erbe in diesem nach ihm benannten klassizistischen Gebäude gepflegt wird. Neben seinen Kreationen findet man eine wechselnde Auswahl weiterer sorgfältig entworfener Dinge, die als Gebrauchsgegenstände des täglichen Umgangs gemeinhin nicht als Kunst firmieren, aber eine bezaubernde Schönheit ausstrahlen. Die Designer kommen aus aller Welt.

Wagenfelds Laufbahn, die ihn zum Professorentitel führte, beginnt mit einer Lehre als Silberschmied in einer Bremer Silbermanufaktur. Gleichzeitig besucht er die Kunstgewerbeschule. Danach studiert er an der Hanauer Zeichenakademie, ist aber bis 1923 immer wieder in der Heimat präsent, wo er sich mit Heinrich Vogeler und Bernhard Hoetger anfreundet. Als Bauhausschüler in Weimar entwickelt er unter seinem Lehrer László Moholy-Nagy die Wagenfeld-Leuchte, eine Tischlampe im sachlichen Bauhausstil. 1928 wird er Leiter der Metallwerkstatt der Bauhochschule Weimar. In den 1930er Jahren entwirft er für die Jenaer Glaswerk Schott & Gen. ein feuerfestes Teegeschirr. Dieser »Künstler in der Industrie«, wie er sich selbst bezeichnet, ist nach dem Krieg für verschiedene Leuchten- und Porzellanfabriken und besonders erfolgreich für WMF tätig.

Wagenfelds Stärke: Er entwickelt dauerhaft solide Produkte, die ohne Prunk in der Formgestaltung der Funktion des Gegenstands dienen, dabei dennoch unverwechselbar und zeitlos schön sind, eben Kulturgüter für den Alltagsgebrauch.

Adresse Am Wall 209, 28195 Bremen-Altstadt | ÖPNV Bahn 2 und 3, Haltestelle Theater am Goetheplatz | Öffnungszeiten zu Sonderausstellungen (bitte beachten Sie die Laufzeiten), Di 15–21, Mi–So 10–18 Uhr | Tipp Das zweite Gesicht des Wagenfeld Hauses ist seine vorige Nutzung als Gefängnis. Am ersten Samstag im Monat ist die Gedenkstätte »Gefangenenhaus Ostertor« von 11 bis 16 Uhr für Besucher geöffnet.

111 Der Wolfskuhlenpark

Graureiher müssen gute Nerven haben

Um ganz sicherzugehen, trägt man am besten einen breitkrempigen Hut. Nach oben zu gucken ist zunächst ziemlich nutzlos, denn in diesem dichten Waldstück muss man einen ähnlich geübten Blick haben wie in der grünen Hölle des Dschungels in Amazonien (vielleicht vorsichtig übertrieben!). Das untrügliche Anzeichen ist auf Augenhöhe zu entdecken. Als hätte ein Maler seinen Pinsel mit weißer Farbe ausgeschleudert, ist plötzlich ein Strauch über und über weiß gesprenkelt. Jetzt kann man nach oben gucken und mit der Suche beginnen. Ein Gequengel der jungen Graureiher ist schon zu hören. Es ist so heiß, dass die in der obersten Baumkrone thronenden Jungvögel zu hyperventilieren scheinen. Ab und zu richten sie sich auf und schlagen mit den Flügeln. Jetzt kommt ein Fernglas oder auch nur der Operngucker gut.

Man findet die Graureiherkolonie in der Nähe eines zentralen Tümpels kurz hinter dem Eingang in den Park, wenn man von der Theodor-Billroth-Straße kommend die Kattenturmer Heerstraße überquert. Diese letztgenannte Straße ist so laut, dass man sich über die »freiwillige« Niederlassung der Graureiher schon etwas wundert. Weiter westlich im Park ist es deutlich stiller, weil der dichte Bewuchs einiges an Schallstärke dämpft, wenn nicht, ja, wenn nicht gerade ein Flugzeug auf die Einflugschneise des nahe gelegenen Flughafens zudonnert.

Der drei Hektar große Park wurde 1933 der Öffentlichkeit übergeben. Er war Teil eines Gutes, das auf das 15. Jahrhundert zurückgeht. Mit der Zeit war er völlig verwildert, und die Fleete, die ihn durchziehen, wurden mit privatem Müll vollgekippt, sodass seine Nutzung lange keine Freude bereitete. 2003 wurde er auf seine heutige Gestalt gebracht, einschließlich eines Kinderspielplatzes. Der Name geht auf eine Legende zurück, wonach eine von Wölfen verfolgte Kutsche in einen Teich gestürzt sein soll. Den Wölfen hat man damals wohl einiges zugetraut.

Adresse an der Kattenturmer Heerstraße, 28277 Bremen-Kattenturm | **ÖPNV** Bus 53, Haltestelle Wolfskuhlenweg | **Tipp** Auf den Wiesen an der Ochtum in der Nähe des Radarturmes des Flughafens steht häufiger der eine oder andere Graureiher am Ufer. Wer ganz großes Glück hat, sieht dort oder im Park auch mal einen Eisvogel.

1
LEUCHTENBURG
PLATJENWERBE
VEGESACK
BURGDAMM
LESUM
ST. MAGNUS
GRAMBKE
A27
A270
A281
74
Vegesacker Heerstraße
Lesumer Heerstraße
Bremerhavener Straße
Stader Landstraße
Friedrich-Humbert-Straße
Auf dem Hohen Ufer
Grambker Heerstraße
Lesum
Weser
83
77
57
10
52
68
90
21
66
56
53
106
92
N
0
700 m
Kartographie: www.altancicek.de

2
N
0
700 m
Kartographie www.altancicek.de
7
GRÖPELINGEN
Gröpelinger Heerstraße
A27
Kleine Wümme
4
A27
105
69
WALLE
Bremerhavener Straße
103
48
6
Parkallee
88
89
84
FINDORFF
Nordstraße
Konsul-Schmidt-Straße
WOLTMERS-
HAUSEN
Weser
35
SCHWACH-
HAUSEN
BREMEN
A281
NEUSTADT
Osterdeich
91
Oldenburger Straße
GROLLAND
75
70
6
Neuenlander Straße
12
HABEN-
HAUSEN
111
OBERVIELAND

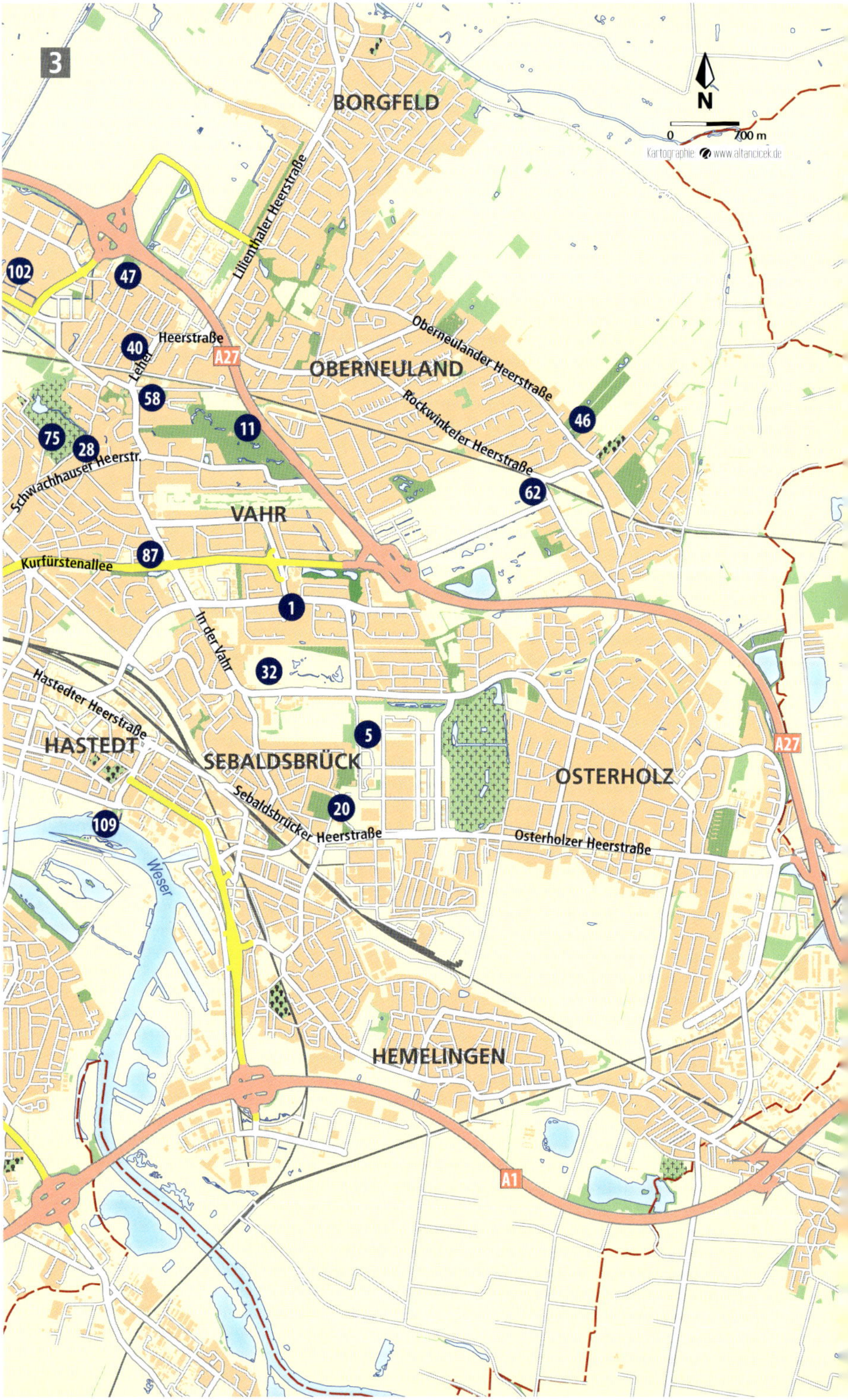
3
BORGFELD
N
0
700 m
Kartographie: www.altancicek.de
Lilienthaler Heerstraße
102
47
40
Heerstraße
Lehe
A27
OBERNEULAND
Oberneulander Heerstraße
Rockwinkeler Heerstraße
46
58
11
75
28
Schwachhauser Heerstr.
62
VAHR
87
Kurfürstenallee
1
In der Vahr
32
Hastedter Heerstraße
5
HASTEDT
SEBALDSBRÜCK
OSTERHOLZ
A27
20
Sebaldsbrücker Heerstraße
Osterholzer Heerstraße
109
Weser
HEMELINGEN
A1

4
A27
86
49
N
0
300 m
Kartographie: www.altancicek.de
101
72
6
94
104
63
Parkallee
15
44
27
98
chhauser Ring
HWACH-
IAUSEN
82
31
24
60
74
4
99
39
43
raße
6
80
26
65
18
33
29
41
25
73
93
59
38
16
22
79
9
42
50
ße
78
71
36
85
30
JLSBERG
110
45
76
8
3
54
97
-Straße
64
81
19
34
37
55
61
23
67
51
2
107
17
108

A27
Osterholz-
Scharmbeck
100
Blumenthal
96
Ritterhude
A270
Vegesack
Lemwerder
Lilienthal
1
2
3
4
Weser
Bookholzberg
BREMEN
A27
Delmenhorst
Huchting
Ganderkesee
A28
A1
Brinkum
A1
Weyhe
Syke
Harpstedt
N
0
3 km
Kartographie: www.altancicek.de

Rüdiger Liedtke
111 Orte auf Mallorca, die man gesehen haben muss
ISBN 978-3-89705-975-7

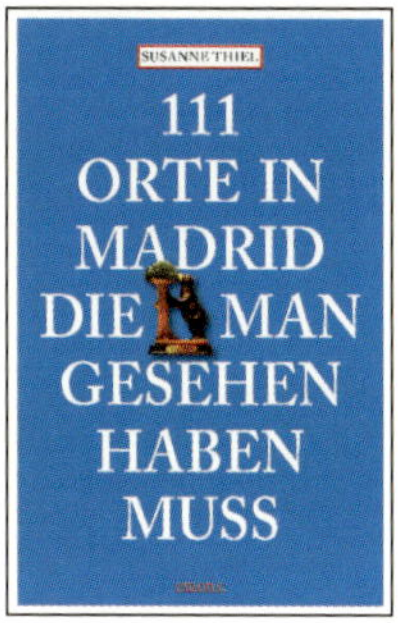

Susanne Thiel
111 Orte in Madrid, die man gesehen haben muss
ISBN 978-3-95451-118-1

Ralf Nestmeyer
111 Orte in der Provence, die man gesehen haben muss
ISBN 978-3-95451-094-8

Peter Eickhoff
111 Orte in Wien, die man gesehen haben muss
ISBN 978-3-89705-969-6

Stefan Spath
111 Orte in Salzburg, die man gesehen haben muss
ISBN 978-3-95451-114-3

Regine Zweifel
111 Orte in Paris, die man gesehen haben muss
ISBN 978-3-89705-823-1

Dirk Engelhardt
111 in Barcelona, die man gesehen haben muss
ISBN 978-3-95451-066-5

John Sykes
111 Orte in London, die man gesehen haben muss
ISBN 978-3-95451-117-4

Annett Klingner
111 Orte in Rom, die man gesehen haben muss
ISBN 978-3-95451-219-5

Daniela Bianca Gierok
und Ralf H. Dorweiler
111 Orte im Schwarzwald, die man gesehen haben muss
ISBN 978-3-89705-950-4

Barbara Goerlich
111 Orte auf der Schwäbischen Alb, die man gesehen haben muss
ISBN 978-3-89705-948-1

Lucia Jay von Seldeneck,
Carolin Huder, Verena Eidel
111 Orte in Berlin, die Geschichte erzählen
ISBN 978-3-95451-039-9

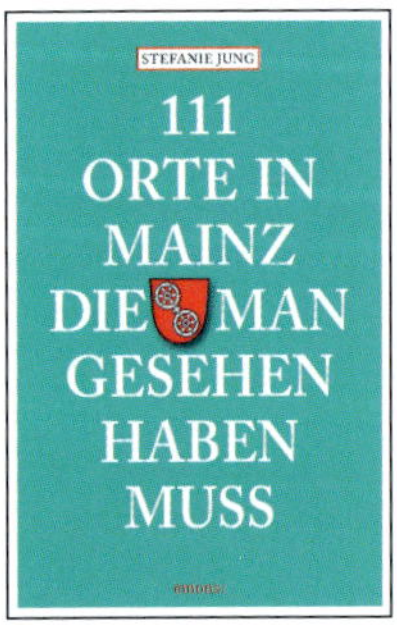

Stefanie Jung
111 Orte in Mainz, die man gesehen haben muss
ISBN 978-3-95451-041-2

Gabriele Kalmbach
111 Orte in Stuttgart, die man gesehen haben muss
ISBN 978-3-95451-004-7

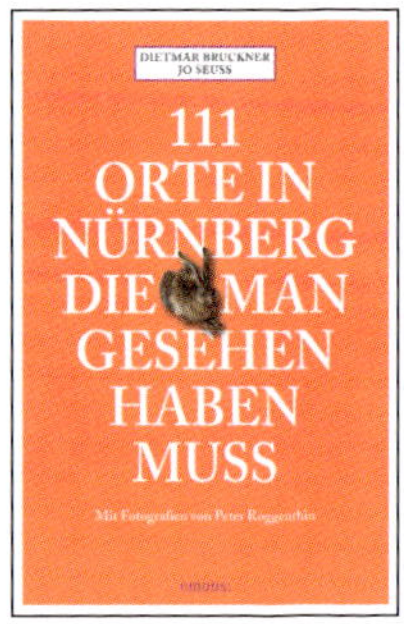

Dietmar Bruckner, Jo Seuß
111 Orte in Nürnberg, die man gesehen haben muss
ISBN 978-3-95451-042-9

Ulf Annel
111 Orte in Erfurt, die man gesehen haben muss
ISBN 978-3-95451-022-1

Oliver Schröter
111 Orte in Sachsen, die man gesehen haben muss
ISBN 978-3-95451-021-4

Reiner Vogel
111 Orte in Regensburg, die man gesehen haben muss
ISBN 978-3-95451-054-2

Danksagung

Der Dank des Autors geht an alle, die es ermöglicht haben, dieses Buch zu einem guten Ende zu bringen. Neben den unzähligen und ungezählten Ungenannten möchte ich mich besonders bedanken bei Frau Bettina Berg (Gerhard-Marcks-Haus), Frau Sabine Bittermann (Domkanzlei der St.-Petri-Domgemeinde), Frau Gabriele Brünings (Pressestelle des Senats), Frau Maria Falkenhain, Kletterin, Frau Vanessa Ferrigni und Herrn André Potthoff (La Fattoria), Frau Sonja Firker und den Herren von Mellow Melange, Frau Stefanie Golisch, Sängerin, Frau Maike de Haan (Haus der Bücher), Frau Kathrin Hager, M. A. (Wilhelm Wagenfeld Stiftung), Frau Dana Hofschröer (Radisson Blu Hotel), Frau Ursula John (Kassiopeia), Frau Kathrin Klug, Historikerin, Frau Silke Ladewig (botanika GmbH), Frau Beate Leonards, Silberschmiedin und Designerin, und Frau Elena Pyanova (Koch & Bergfeld Corpus, Silberwarenmanufaktur GmbH & Co. KG), Frau Susanne Loose, Frau Iris Kruse und Herrn Jochen Holthusen (Mercedes-Benz Kundencenter), Frau Dr. Katja Pourshirazi (Overbeck-Museum), Frau Renate Rostek (Korsett Friedel), Frau Nicole Söffgen, Diplom-Sozialpädagogin und Lehrerin, Frau Ulla Stelljes (Kulturkirche St. Stephani), Frau Dagmar Vöbel (bras), Frau Dr. Karin Walter (Focke-Museum), Frau Cerstin Wille (Übersee-Museum), Frau Gala Z und Herrn Benedikt Vermeer (Literaturkeller), Frau Heidrun Zimmermann und Herrn Manfred Zimmermann (Antikenmuseum im Schnoor), Herrn Wolfgang Barth, Lehrer i. R. und Chevalier de France, Herrn Franziskus Benk und Herrn Dirk Busse (Linie 7), Herrn Dr. Thomas Carstens (Unser Lieben Frauen), Herrn Lothar Eichwald (Moments), Herrn Wolfgang Golinski (Kleinmuseum Kaisenhaus), Herrn Dieter Hasloop (hanseWasser Bremen GmbH), Herrn Norbert Larisch (Landgericht Bremen), Herrn Dr. Franz Laukötter (Kunstsammlungen Böttcherstraße), Herrn York Lohwasser (Fernmeldemuseum), Herrn Jan Paul (Geo. Gleistein & Sohn GmbH), Herrn Dr. Jens Petersen (Verein »Wir holen die BREMEN nach Bremen« e. V.), Herrn Malte Prieser, M. A. (Kulturbüro Bremen-Nord), Herrn Christian Ritschel

(Lloyd Caffee GmbH), Herrn Holger Schleider (Heimat- und Museumsverein für Vegesack und Umgebung e. V.), Herrn Franz Schnelle, Mühlenwart u. a. für die Mühle am Wall, Herrn Peter Schulze (Verein Freunde des Sendesaals e. V.), Herrn Dr. Kai Steffen (Focke-Windkanal e. V.), Herrn Andreas Vogel (Olbers-Planetarium), Herrn Paul-Alexander Völcker (River Hudson Gastronomie GmbH), Herrn Michael A. Wenz (Theater 62) und Herrn Stephan Wurst (Freunde der Bremer Straßenbahn e. V.).

Der Autor und Fotograf:
Der Autor Bernd F. Gruschwitz ist Weltenbummler, Verfasser von Reisebüchern (Bali, Chicago, Kanarische Inseln, Prag) und Fotograf. Er war an zwei Gymnasien in Bremen Lehrer für Geschichte, Englisch, Sozialkunde und Politik und hat versucht, seine Schüler mit weit gefächerter Kompetenz und der heiteren Gelassenheit eines Kosmopoliten auf die realen Zusammenhänge hinter dem äußeren Schein der Welt aufmerksam zu machen. Er liebt die Schöne Literatur, fährt gerne Ski und spielt mit großer Leidenschaft Fußball auf kleinem Feld.

Quellennachweis
Für die Texte zu den einzelnen Orten habe ich auf alle mir erreichbaren Publikationen und Internetseiten zurückgegriffen und sie durch mündliche Hinweise, die mir vor Ort gegeben wurden, ergänzt. Generell hilfreich waren mir die Hefte der »Schriftenreihe des Landesamtes für Denkmalpflege Bremen«, herausgegeben von Prof. Dr. Georg Skalecki und erschienen bei der Edition Temmen. Alle Ungenauigkeiten und Fehler, die sich trotz aller Sorgfalt eingeschlichen haben mögen, gehen zu meinen Lasten und werden mir hoffentlich verziehen.